JN072784

勉強が苦手な高校生・社会人が

看護専門学校・看護大学に合格する方法

KDG看護予備校 代表
松山 祐己

はじめに

こんにちは。ＫＤＧ看護予備校の松山祐己と申します。

この本は「勉強が苦手だけれども、看護専門学校や看護大学に合格して看護師になりたい！」という熱い思いを持った現役高校生、浪人生、そして社会人の皆さんへ向けて書きました。

看護師養成の機関に入学するための参考書籍はいくつかありますが、そのほとんどが学科試験対策を解説するにとどまっています。実は、看護専門学校や看護大学の入試では、医療従事者にふさわしいかどうかを見極めるための、看護受験ならではの小論文テーマ、面接での質問が出されます。普段の授業では絶対に取り上げられませんから、学科の勉強と並行して特別の対策をする必要があります。

本書は従来の看護受験本の弱点である小論文・面接対策を充実させることで、実際の試験対策に役立つ参考書になったと自負しています。
全6章のうち、特に第4章でKDG看護予備校が編み出した小論文・面接対策メソッドを紹介しています。ぜひ、実践してみてください。

勉強が苦手でも看護師になる夢を諦めることはありません。私や、KDG看護予備校の講師たちに言わせれば、皆さんは勉強が苦手なわけではないのです。「正しい勉強方法を知らない」から、点数が伸び悩んでいるだけです。加えて、受験を有利に進めるための情報にも乏しい、という部分もあります。

KDG看護予備校の方針は、分からない問題は分かるまでとことんお付き合いするというものです。個別指導で学習習慣を身につけてもらい、問題を解ける喜びを知っていただきます。そして、生徒一人ひとりが勉強に自信を持てるように導いていくのです。

情報面では、OB・OGから受験に関する情報を随時吸い上げ、それをもとに戦略を練っています。看護受験に特化した方法に質の高い情報を掛け合わせることで、関西6教室・関東6教室の生徒たちやそのご家族へ合格の喜びを提供しています。もちろんこれには、生徒たち自身の頑張りが一番強く作用しています。

看護師になりたい、そのために予備校に通いたい。そうお思いでしたら一度私たちのＫＤＧ看護予備校を見学にいらしてください。YouTube で看護受験チャンネルという無料動画も配信しています。

「やりがいのある仕事で、人びとから感謝され、資格によって、生涯の仕事にできる」看護師という職を、私たちＫＤＧ看護予備校のスタッフ一同と目指しましょう！

◆◆◆もくじ◆◆◆

はじめに　3

第1章　受験の全体像

1 看護師は最強資格！　生涯の仕事になります　12
2 看護専門学校の学費が0円?!　そのカラクリと実態　15
3 看護師はとにかく自由！　病院就職だけではない看護師の仕事　18
4 100点を取っても不合格?!　看護受験は受験校選びに注意せよ！　19
5 看護受験は面接も重要！　「面接で落ちる人」の3つの特徴　21
●コラム●　看護師の恋愛事情！　医師との出会いはあるのか?!　24

第2章

正しい受験戦略を立てる

1 看護受験において偏差値は当てにならない！ 滑り止め校の選択が命！ 28
2 クセの強い問題を見極めて、捨て問題を知っておくべし！ 30
3 どの科目に力を入れるかを決める！ 科目特性と自分の得意科目の見極めが重要！ 33
4 【願書】看護受験は願書も重要！（その1）看護師志望理由3STEPの型に当てはめよ！ 48
5 【願書】看護受験は願書も重要！（その2）学校志望理由3STEPの型に当てはめよ！ 51
●コラム●「精いっぱい生きる」ということ 54

第3章

正しい勉強法を身につける ―学科編―

1 【国語】漢字――漢字を制する者は国語を制す 58

2 【国語】読解問題――「なんそれ？ ワード」を発見し、具体的説明を探す 61
3 【国語】四字熟語――四字熟語は、まずスマホで調べるべし！ 65
4 【数学】ノート術――一つずつ究めていく 69
5 【数学】復習法――問題の選別で、自分のレベルを把握 73
6 【英語】英単語の覚え方――ストーリーを活用 75
7 【英語】英文法――なぜその答えを選んだのか 79
8 【英語】英語長文――入門編 81
9 【英語】英語長文――入試対策編 83
●コラム● 先輩看護師のスパルタ指導?! 課題地獄を乗り越えろ！ 87

第4章

正しい勉強法を身につける ―小論文・面接編―

1 看護医療系小論文は4つの型をマスターせよ！ 91
2 小論文の第1段落：前書きと問題提起 98
3 小論文の第2段落：自分の主張・意見提示 100

④ 小論文の第3段落：主張の根拠・解決策 101
⑤ 小論文の第4段落：結論 103
⑥ 看護面接の必勝法 107
●コラム● 看護学生のアルバイトの実態 139

第5章 学習習慣を身につける

① 自分のレベルに合った参考書、問題集をチョイスせよ！ 142
② 1週間の計画を立てよ！ 週間計画表の事例公開！ 144
③ 自力で解けるように、繰り返し復習せよ！ 149
④ 教科書やテキストで勉強するな！ 動画を活用せよ！ 151
⑤ 勉強は自分だけでやってはいけない。他人に頼れ！ 152
⑥ 真面目にやるな！ 極秘情報をゲットせよ！ 156
⑦ 勉強は机に座らなくてもできる！ いつでもどこでも、ながら勉強法を活用せよ！ 159
●コラム● 看護専門学校・看護大学の学費の実態 163

第6章

一挙大公開！　伝説の大逆転合格事例でイメトレせよ！

① 伝説の大逆転合格事例【現役生編】 166
② 伝説の大逆転合格事例【浪人生編】 168
③ 伝説の大逆転合格事例【社会人編】 171
●コラム● 看護師の「給与明細」大公開！ 178

おわりに 180

第1章

受験の全体像

1 看護師は最強資格！生涯の仕事になります

年に1回は、海外旅行へ行っている。給料が高いらしい。転職しやすそう……。看護師という仕事に、こういうイメージを持っていませんか？

はっきり言っておきましょう。皆さんのイメージは、ほぼ真実。看護師資格は、仕事とプライベートの両方を充実させられる、最強の資格なのです。

「松山さん、なんでそんなことを知っているの？」

私はこれまで、看護師３００人以上の履歴書を見てきました。ＫＤＧ看護予備校を開くまで、看護師のキャリアコンサルタントなどをしていたので、本人たちからこういった話を聞いているのです。

およそ３００人の看護師のうちほとんどが、２〜３年に1回は転職をしています。

転職したからといって、給料が下がることもありません。場合によっては、アップすることさえあるのです。

転職理由も「上司や同僚と合わない」「周りは給料が高いと言うけど、仕事のきつさを考えると不満」「前にいた病院の方法で処置をすると、ひどく怒られる。患者は喜んでくれるのに」といったものがほとんどです。看護師以外の職種ならぐっとのみ込んで勤務を続けるところですが、看護師の場合は思い切って辞めてもすぐに次が決まってしまいます。

つまりそれだけ、看護師が社会で求められているということです。２０２５年には、日本人の3人に1人が65歳以上になるといわれています。総合病院、地域の医院、訪問看護など、看護師が必要とされる場所は２０２５年からしばらくの間は減ることはないでしょう。人工知能（ＡＩ）が普及していくなかでも、「患者の心身に寄り添う」という本質から、看護師という仕事がＡＩに代替される可能性は極めて低いと考えています。

一定の将来性と高収入が見込める看護師ですが、養成機関である看護専門学校や看護大学に入る時点では、学歴や医療に関する知識・技術はそれほど必要ではありません。むしろそれらは入学後に学んでいくので、受験時は看護師を志望する立場として知っておくべきことを押さえておけば問題はありません。

看護師と同じくらいの年収（具体的には450～600万円程度の年収）をもらおうと思ったら、上場企業でも10年以上のキャリアを積み、課長や部長などの役職につかないと難しいでしょう。また上場企業では、ある程度の学歴と即戦力化が期待できるコミュニケーション力、アイデア力、事務処理力などが求められることでしょう。したがって年収600万円を目指す場合、企業勤めのほうがよほど困難だといえます。

もちろん、看護師にもコミュニケーション力や協調性は必要です。正確には、企業勤めとは必要とされるコミュニケーションの方向性が異なるというべきでしょうか。企業では、その都度変わる状況を読み取り、いかに自社を有利に立たせるかという観点で臨機応変なコミュニケーションを求められます。

一方、看護師に最も必要とされるコミュニケーションとは、極論を言えば患者さんの求めを察し、どうすれば不快を減らせるかを追求することにあります。真摯に患者さんと向き合うという意味で愚直なやりとりですから、「一般企業だと厳しそう」な不器用なタイプでも問題なし。むしろそういう人のほうが喜ばれるケースもあるくらいです。

一人でも、子どもの2～3人は育てられるくらいの収入を得られる最強資格で、看護師以外であれば狭き門の国家公務員待遇を受けられる可能性もある。そのせいか、シングルマザー率が高い傾向もあります。シングルマザーになったから看護師を目指すケース、看護師になれたからシングルマザーになったというケースもあるほどです。

2 看護専門学校の学費が0円?! そのカラクリと実態

「やっぱり、看護師になりたい！　でも勉強にあてるお金が……」

そんな看護師志望者を助けてくれるのが、病院奨学金制度です。大学、短期大学、専門学校に通うための費用として、毎月3～7万円／3～4年間支給してもらえる制

表1－1　奨学金の分類〔2020年1月現在〕

種　類	特　徴
成績優秀者奨学金	なんと返済義務なしのありがたい奨学金！
地方自治体による奨学金	看護師の資格を取った後、指定される病院で勤務すると返済が免除されることがあります
私立学校、医療法人グループの奨学金	特定の病院で勤務すると返済を免除されることがあります
日本学生支援機構の奨学金	返済義務あり。無利息または低い利息による融資だと考えてください

度のことで、月額5万円の奨学金をもらえたら、学費を実質無料にできる学校もあります（表1－1）。

基本的に、奨学金は希望すれば誰でも受けられます。学校や病院、地方自治体または独立行政法人日本学生支援機構などが支給を行っていますが、どこから奨学金を受けるかで支給される金額などが異なります。地方自治体と日本学生支援機構から受ける場合は、学費を負担する人の収入額や本人の成績で判断されますが、はっきり言って条件がある場合もかなりゆるめの設定。したがって、ご両親がよほどの高額納税者でもない限りは大丈夫だと思っていてよいでしょう。

学費は国公立か私立か、そして年度にもよりますが、金額だけで諸費用を見ると60～700万円が必要です。奨学金の中には学費以上の額を貸してくれるところもあるので、家賃や食費といった学生生活にかかるお金の足しにできるのもありがたいところです。

看護師志望者を対象とした病院奨学金制度では、毎月3～7万円を3～4年間支給してもらい、資格を取った後に奨学金を出してくれた病院で3～4年間働くと返済しなくてもいい、というパターンがほとんどです。

「付属病院のない学校だと奨学金は借りられない？」という質問をよく受けます。付属病院があるかどうかは関係ありません。付属病院がない学校でも、実習先や提携先の病院から借りられるケースも多いのです。


奨学金は文字通りお金に関わることですから、契約するときにしっかり内容を見ておくことが大切です。「働いたら返さなくてもいい」という思い込みで、書類を確認せずにサインし、後になって困ったという例も聞かれますから。

とはいえ、ただでさえ難しい単語で書かれている契約書。どこを見ればいいのか分かりづらいですよね。

奨学金制度へ申し込むときには、次の3つに注意しましょう。

①支給された奨学金を返す必要はある？
②看護師国家試験に合格しなかったときは、どうなる？
③看護師になって1年で退職した場合、返済額は？

ここを押さえておくだけでも、後々の「こんなはずじゃなかったのに」を防ぐことにつながります。

3 看護師はとにかく自由！病院就職だけではない看護師の仕事

看護師と話をしていると、必ず出るのが「旅行」の話題です。ゴールデンウイークでもないのに1週間〜10日の連休を取って、ヨーロッパ旅行をしたとか。旅先ではショッピングに明け暮れたとか。

こうした「自分のやりたいことを実現しやすい」環境は、看護師がなくてはならない存在であることと、収入額の大きさに支えられています。

加えて、看護師を必要としているのが総合病院だけではないことも忘れてはいけません。就職先に苦労することはないのです。

・週に3～4日非常勤で訪問看護ステーションに勤務して、趣味を楽しんでいる
・忙しい救急病院を退職して、ゆったりとした介護施設で働いている
・子育てで大病院を退職して、週2～3日だけクリニックで非常勤パート

など、いろいろな働き方があります。

4 100点を取っても不合格?! 看護受験は受験校選びに注意せよ！

学科試験で満点なのに入学できないなんて、いったいどこを見ているの？　その答えは、面接と高校の欠席日数です。

看護系の学校では、一日一日授業がぎっしりと計画的に用意されています。科目によっては、1日休んだだけで単位を落としかねないものもあるほどです。こうした背景があるので、学校側は欠席日数と休んだ理由に敏感なのです。特に欠席日数が30日を超えていると、これだけで厳しく面接で突っ込まれることもあります。なかには、学科試験が全教科100点でも落とされたという事例もあるほどです。

入試で頑張れば、学校での成績が悪くても巻き返しはできます。でも、欠席してしまった過去はどうすることもできません。看護師の進路を考えているのなら、今日から体調をしっかり管理して、学校を休まないようにしてください。

転職を目指す社会人の皆さん、「私たちには欠席日数なんてないから安心」と油断してはいけません。社会人経験があるからこそ、面接官はより高いレベルでのコミュニケーション力、協調性を皆さんに求めることを忘れないでください。

学校ごとの出題傾向を分析し、満点ではなく合格点を狙うという戦略的な考え方もあります。こちらは、第2章で詳しくお話しします。

5 看護受験は面接も重要！「面接で落ちる人」の3つの特徴

「学科試験の点数はいいのに、面接が弱い人」と聞くと、皆さんにも浮かんでくるイメージがあるのではないでしょうか。

他人事ではありません。緊張のあまり、あなたも次の3つの特徴を持つ人になってしまっているかもしれません。

①我が強そう
②人の話を聞いていない
③看護師に対する思いがあいまい

「私のことだ」と思ったら要注意です。なぜなら、繰り返しお伝えしているように、面接官は**協調性とコミュニケーション力**を見ているのですから。

・クラスでうまくやっていけそうか
・実習で、指導者や患者とコミュニケーションが取れそうか

面接では、この2つが重要視されています。

看護系の学校では、グループで課題をすることがたくさんあります。看護師になって病院で働くようになれば、医師・先輩看護師・薬剤師とチームを組む必要もあるのです。

実習先の病院で、実習担当からボロカスに言われることも少なくありません。また、社会人から看護師を目指す場合は、20代前半など年下の看護師から厳しく言われることもあります。実習担当や先輩看護師は、皆さんが憎いわけではありません。一日も早く一人前の看護師になって仕事を助けてほしいから、キツく言ってしまうのです。ボロカスに言われても相手の気持ちを予想してぐっと我慢し、良い関係をつくっていけそうかどうかを見られているのです。

周りとうまくやれそうかどうかを、具体的にどこで判断しているのでしょうか。看護系の学校の先生たちに聞いてみたことがあります。

「雰囲気を見ています」

言葉は違いますが、回答はおおむねこの一択。心の中で何度「対策しづらい……」とため息をついたことでしょう。

志望動機をはじめ、話す内容は、学校や私たちのような予備校の指導者と準備・練習をしていることが多くなったので、ある程度の完成形となっています。

ですから、準備や練習ができない部分であるしぐさ、笑顔の自然さ、患者に信頼されそうかどうか、といった視点で話を聞くようにしているそうです。

だからといって「分かりました。明日から雰囲気を変えます！」というのは不可能です。友達や家族の前での言葉づかい、態度、振る舞い方を意識して少しずつ変えてみましょう。

詳しくは、第４章の面接対策でお話しします。

●コラム● 看護師の恋愛事情！ 医師との出会いはあるのか?!

小説やテレビドラマを見て、医師とのめくるめく恋愛、そして結婚に憧れを持つ看護師志望者も多いのではないでしょうか。おまけに「医師」は高所得の代表的職業。うまくいけば玉の輿ですから、先輩看護師の中には「医師との結婚が目的！」と公言するツワモノも。

さて実際がどうかというと、医師と看護師が結婚する事例は、とても多いです。看護師のお相手第1位は医師！ ただ、「医師の妻」となるにはさまざまなトラップを回避する必要があるようです。

一例を挙げておきましょう。現状、医師に対して看護師の数は多く、口は悪いですが彼らからすれば「選び放題」の状態です。医師側も、自分たちが「憧れ」の目で見られていることに気づいていますから、なかには看護師の玉の輿願望を利用して、二股三股をかける医師もいるのです。相手が遊び目当てなのか、本気なのかの見極めが大切です。

結婚差別と取られるかもしれませんが「医師の妻は、しかるべき家柄のお嬢さんでなければならない」という考え方も、ないとはいえません。都市部より、地方の病院にこうした条件がある場合が多いので、「看護師になって、地方病院の医師と結婚して、優雅なライフスタイルを」という理想があるのなら、早い段階で「相手の親の考え方」をリサーチする必要があるでしょう。

第2章

正しい受験戦略を立てる

1 看護受験において偏差値は当てにならない！滑り止め校の選択が命！

「絶対受かると思っていたのに、落ちました……！」

残念なことに、こうした嘆きの声を毎年耳にします。偏差値の高低で単純に測れないのが看護受験の難しさ。偏差値が低いのに受かりにくい不思議な現象の裏には、

・そもそもの募集人数が若干名

・倍率が5倍以上!!

・教科数が少ない（国語・小論文・面接の3科目だけなど）

こうした事実があるから注意が必要です。

偏差値が低かろうと、募集人数が少なければ、合格は応募者数によって狭き門にな

ります。倍率5倍以上というのも同じく狭き門。

教科数が少ない場合に何が起こるかというと、科目一つひとつのウエートが大きくなります。国語・小論文・面接の3科目が受験科目の学校を本命にするなら、「面接は苦手だから国語と小論文で点を取ろう」なんて言っていられません。面接のウエートが一番高いことも珍しくありません。

受験戦略は、本命の受験校が決まらなくては立てられません。本命校の受験科目はどれだけあるのか。例年の倍率や、合格点はどの程度なのか。受験科目と合格者の平均点が分かって初めて、各教科をどれだけのレベルにしておけばいいかがハッキリします。

同時に、万が一の滑り止め校の選択を考えておくのも戦略です。本命と同様に受験科目・倍率・合格点などを調べ、苦手科目・得意科目の基礎・応用問題、両校の過去問題集にバランスよく取り組むことで、看護大学や看護専門学校入学への切符を勝ち取りましょう！

クセの強い問題を見極めて、捨て問題を知っておくべし！

入試で満点を目指してはいけません。

この入試の鉄則を初めて聞くと、皆さんとても驚かれます。看護大学や看護専門学校各校には、入試の「出題傾向」があります。簡単に言えば、A校の英語試験は長文の比率が例年高く、B校は英文穴埋めが多いなど。それぞれクセが強い、難易度が高すぎるなどホントにバラエティー豊かです。時には出題ミスが出ることも……。

こうした前提をふまえたうえで重要なのは、**自分が解ける問題の見極め**です。過去問題集を前に置いて、次の仕分け基準で問題を3パターンに分けてみましょう。

〈パターン1〉必須問題：絶対に解いて、点にしておきたい問題。問題集や参考書に載っている基本例題レベルです。

〈パターン2〉高得点問題：必須問題をひねってちょっと難しくした、その分野が得意なら解ける問題。問題集や参考書の応用問題レベルを指します。

〈パターン3〉捨て問題：誰も解けない、取り組むだけ時間のムダな問題。問題集や参考書にさえ載っていないレベル。迷わずスルーしましょう。

難しい高得点問題も、基礎からじっくり力をつけていけば、いずれは解けるようになります。大切なことは、問題集や参考書の基本例題を見た瞬間に解き方が分かる・しかも正答率が限りなく100％に近いレベルへと持っていくことです。一部の難関校以外であれば、それだけで十分合格ラインに到達します。

入試本番では、時間制限も大きなハードルとなります。合否が決まる試験となれば、普段予備校や家で問題を解くようにはいきません。人間ですから、緊張して問題の解き方が飛んでしまうこともないとはいえません。そこで落ち着いて、必須問題・高得点問題・捨て問題を初めに判断し、捨て問題以外をスピーディーに・確実に解けるかどうかが合否を分けます。

具体的に、問題を見極める方法をお伝えします。

〈問題を見極めるための３ＳＴＥＰ〉

ＳＴＥＰ１：基本的な問題集や参考書を1冊につき3回以上解く。

９割以上解けるレベルになれば、合格への道が短くなります。

ＳＴＥＰ２：3回以上解いた問題集・参考書を左に置き、学校の過去問題集を右に置いて見比べる。

参考書では、必須問題に当たる基本問題、高得点問題に当たる応用問題が分かりやすく掲載されています。過去問題で必須・高得点問題に当たるものを仕分けます。

ＳＴＥＰ３：必須問題に○を付けてチェックしておく。

問題集・参考書を見て、過去問題集の必須・高得点問題仕分けを終える頃には、必須問題と高得点問題の比率や構成が見えてくるはずです。必須問題の割合が、イコール本番で何割の得点が必要かの目安となります。

必須問題が４割程度なら、その学校では４割の得点があれば合格ラインに到達する可能性が高い、といえるわけです。

受験戦略が大事だと説く予備校は多く、受験生も真面目に過去問題集に取り組んでいます。ただ、分野ごとの得点率や得意・苦手の把握といった統計をとっている受験生はほとんどいません。

普段使用している自分の問題集と過去問題集を見比べると、自分が本命校の入試で何割の得点を目標にすべきか、どの問題を解いて何を捨てるべきかといった戦略が、明確に見えてきます。

3 どの科目に力を入れるかを決める！科目特性と自分の得意科目の見極めが重要！

①数学、②英語、③国語。これは何の順番でしょうか。

「対策のしやすさ」だと、ピンときたらその通り。つまり、**短期間で一番点数を伸ばしやすい科目は数学**だといえます。

かかります。

英語は、英単語、英熟語、英文法ととにかく覚えることが多い点で、対策に時間がかかります。

国語は漢字や四字熟語などの暗記も重要ですが、点数を上げるためには基礎力が必要です。それは、受験時までに積み上げてきた読書量、一つの事柄をどれだけたくさんの言葉で言い表せるかといった語彙力や、会話の中で相手が言いたいことを的確に理解する文脈把握力です。こうした総合力が大きく影響するため、苦手な人はとことん苦手。それが国語という科目です。

数学は公式や問題パターンを暗記することで、得点に直結します。また英語ほど覚えなければいけない範囲が広くないので、短期間で対策しやすいといえます。

ＫＤＧ初回説明会にお越しくださった皆さんには、そのときに「どの科目が得意ですか、苦手ですか」とお聞きしています。

「全部苦手です！」と言い切るいさぎよい方が多い。教えがいがあります。

それはそれとして、受験戦略を立てるうえで大切なことの２つ目は、自分の得意科目と苦手科目の見極めをしっかりとしておくことです。数学が苦手なら、数学・小論文・面接が受験科目の学校を選ぶより、国語・小論文・面接の学校を選ぶほうが明らかに得策です。

どうしても譲れない本命校があったとしても、滑り止めには得意科目を受験に採用しているところを選べば、どこにも入れないという最悪の事態は免れます。得意科目、苦手科目を正しく把握していれば、「苦手科目がある学校はやめよう」「その苦手科目の得点割合を減らすために科目が多いところを選ぼう」というように、受験校を絞り込んでいくことができるのです。

苦手・得意科目がいまいちはっきりしないという方は、次ページ以降の問題で実力をチェックしてみましょう。

実力チェック問題

1

次のカタカナ部分を漢字に直せ。

① 問題点をシテキする。 〔答：指摘〕

② カンジャに寄り添った看護をする。 〔答：患者〕

③ 安易にダキョウしてはいけない。 〔答：妥協〕

④ 音楽をカンショウする。 〔答：鑑賞〕

⑤ 相手とコウショウする。 〔答：交渉〕

2

空欄を埋め、四字熟語を完成させよ。

① 我田○水 〔答：引〕

② 同○異曲 〔答：工〕

③ 朝○暮四 〔答：三〕

④　厚顔無○　〔答：恥〕
⑤　○和雷同　〔答：付〕

3

空欄を埋め、ことわざ、慣用句を完成させよ。

①　生き○の目を抜く　〔答：馬〕
②　石の上にも○年　〔答：三〕
③　仏作って○入れず　〔答：魂〕
④　○に衣を着せない　〔答：歯〕
⑤　○から火が出る　〔答：顔〕

4

最近のネットにおけるコミュニケーションについて、あなたの考えを２００字程度で記述せよ。

① $(-2)^3$ を計算せよ。〔答：-8〕

② $(x+1)(x-3)$ を計算せよ。〔答：x^2-2x-3〕

③ $(x+2)^2(x-2)^2$ を計算せよ。〔答：x^4-8x^2+16〕

④ $a^2(b-c)+b^2(c-a)+c^2(a-b)$ を因数分解せよ。
〔答：$(b-c)(a-b)(a-c)$〕

⑤ 二次関数のグラフが3点 $(1,6)$、$(-1,-2)$、$(0,-1)$ を通るとき、その二次関数の式を求めよ。
〔答：$y=3x^2+4x-1$〕

⑥ 二次方程式 $ax^2-2(a+1)x+3a-11=0$ の1つの解が -1 と 0 の間に、他の解が 2 と 3 の間にあるとき、a の値の範囲を求めよ。〔答：$\frac{17}{6}<a<\frac{11}{3}$〕

⑦ $0^\circ \leqq \theta \leqq 180^\circ$ において $\sin\theta+\cos\theta=\frac{1}{2}$ とする。$\sin\theta\cos\theta$ の値を求めよ。〔答：$-\frac{3}{8}$〕

⑧　次の10個のデータの標準偏差を求めよ。
2, 12, 6, 5, 10, 11, 6, 7, 4, 7

〔答：3〕

⑨　9人を3人ずつ3組に分ける方法は何通りあるか。

〔答：280通り〕

⑩　数直線上を動く点Pが原点の位置にある。1枚の硬貨を投げて、表が出たときにはPを正の向きに2だけ進め、裏が出たときにはPを負の向きに1だけ進める。硬貨を6回投げ終わったとき、Pが原点に戻っている確率を求めよ。

〔答：$\frac{15}{64}$〕

1 日本語に合うように、適切な語句を入れなさい。

① ～を恐れる　be afraid（　　）～　〔答：of〕

② ～と異なる　be different（　　）～〔答：from〕

③ ～によると　according（　　）～　〔答：to〕

④ ～にもかかわらず　in spite（　　）～　〔答：of〕

⑤ 延期する　put（　　）　〔答：off〕

2 日本語に合うように、英語を並べかえなさい（不要な語が1語あります）。

① あなたは今までに香港に行ったことがありますか？
(you, been, have, Hongkong, ever, gone, to)?
〔答：Have you ever been to Hongkong〕

② 彼女は私にここで10分待ってと言った。
(she, here, asked, in, 10 minutes, wait, to, me, for).
〔答：She asked me to wait here for 10 minutes〕

③　ケンは私と同じくらい本を読んでいる。

Ken（as , books , reads , as , me , many , much）.

〔答：reads as many books as me〕

④　あなたはただその申し込み用紙に記入すればいいのです。

（better , fill , do , in , have , you , to , all , is , to）the application form.

〔答：All you have to do is to fill in〕

⑤　天気予報によればまもなく梅雨入りするそうです。

（says , it , in , that , will , soon , the weather forecast , the rainy season , be , sets , not , long , before）.

〔答：The weather forecast says that it will not be long before the rainy season sets in〕

3 次の文章の（　　）内に適する語句を入れなさい。

① Open the window, (　　　)?

ア．will you　イ．don' t you　ウ．do you

エ．shall we　〔答：ア〕

② If I had arrived at the station two minutes earlier, I (　　　) the train.

ア．could catch　イ．could have caught

ウ．had caught　エ．had been catching　〔答：イ〕

③ To recover his strength, the patient was made (　　　) his arms above his head many times every day.

ア．raise　イ．rise　ウ．to raise　エ．to rise

〔答：ウ〕

（③：平成29年度大学入試センター試験　追・再試験）

memo

1 **次の①～⑧の文は、細胞の特徴を説明したものである。正しいものには○、誤っているものには×をつけよ。**

① ミトコンドリアの内部でATPが生産される。
② ゾウリムシは原核生物である。
③ 原核細胞には葉緑体がない。
④ 原核細胞はゴルジ体を持つ。
⑤ 細胞壁は動物細胞で発達している。
⑥ すべての生物は遺伝情報物質としてDNAを利用している。
⑦ 生物は、外界の環境の変化に応じて体内の環境も同じように変化させる。
⑧ RNAを含むのは染色体である。

〔答：①○　②×　③○　④×　⑤×　⑥○　⑦×　⑧×〕

2 ヒトには、体外から侵入した病原体などの異物を排除する(d)生体防御のしくみが存在する。(e)一度感染した病原体の情報を記憶するしくみがヒトにはあり、同じ病原体が再び侵入してきても発病しにくくなる。

1 下線部(d)に関連して、健康なヒトにおける抗体産生のしくみに関する次の文章中の ア ～ ウ に入る語の組合せとして最も適当なものを、下（次ページ）の①～⑧のうちから一つ選べ。

病原体などの異物が体内に侵入すると、好中球、マクロファージ、 ア などが異物を食作用により分解する。その後、マクロファージや ア は、分解した異物の一部分を イ として細胞表面に提示する。 イ の情報を受け取ったヘルパーT細胞は増殖し、同じ イ を認識した ウ を活性化する。活性化した ウ は増殖し、大量の抗体を産生して体液中に分泌する。

（46ページへ続く）

	ア	イ	ウ
①	樹状細胞	抗原	キラーT細胞
②	樹状細胞	抗原	B細胞
③	樹状細胞	ワクチン	キラーT細胞
④	樹状細胞	ワクチン	B細胞
⑤	血小板	抗原	キラーT細胞
⑥	血小板	抗原	B細胞
⑦	血小板	ワクチン	キラーT細胞
⑧	血小板	ワクチン	B細胞

〔答：②〕

2 下線部 (e) に関連して、ヒトが同一の病原体に繰り返し感染した場合に産生する抗体の量の変化を表すグラフとして最も適当なものを、次の①～⑥のうちから一つ選べ。ただし、最初の感染日を0日目とし、同じ病原体が2回目に感染した時期を矢印で示している。

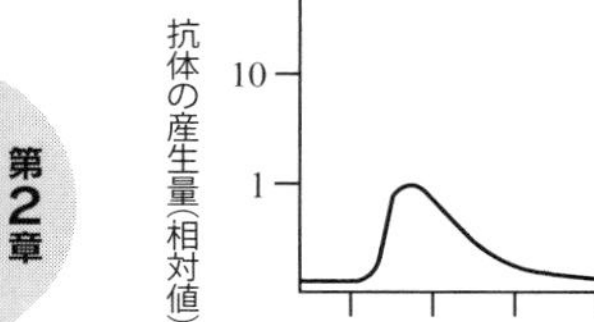

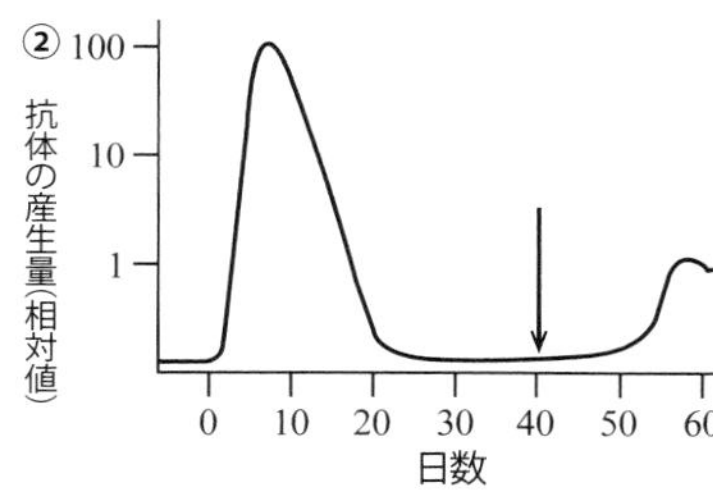

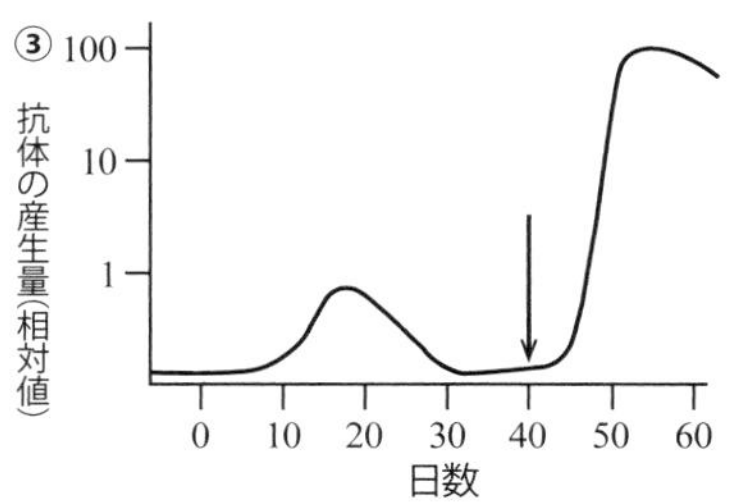

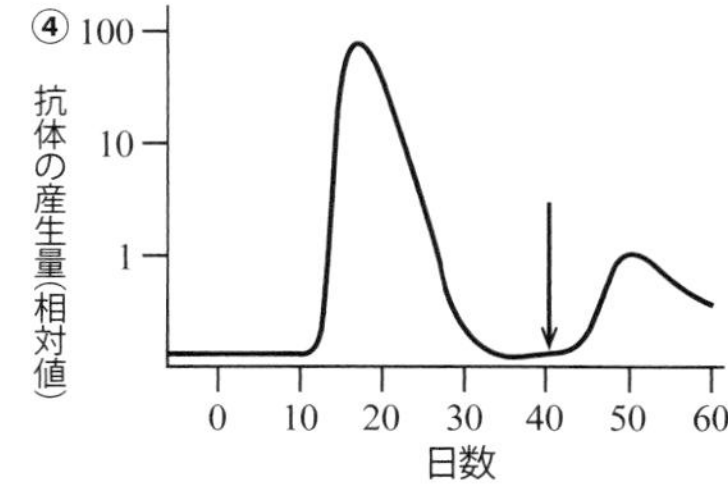

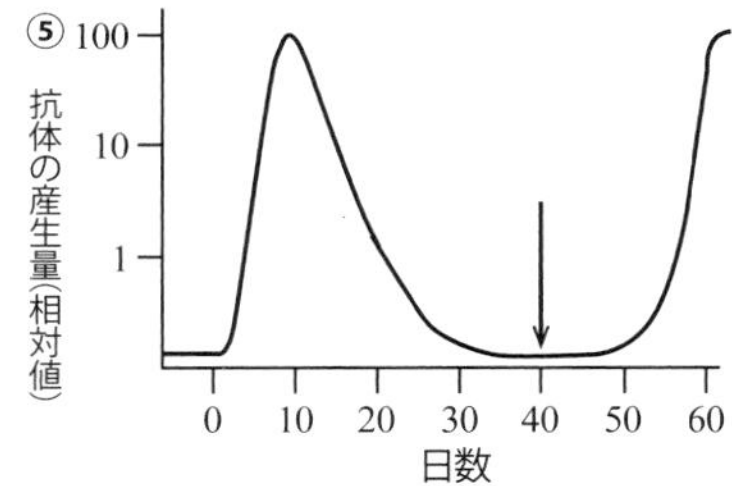

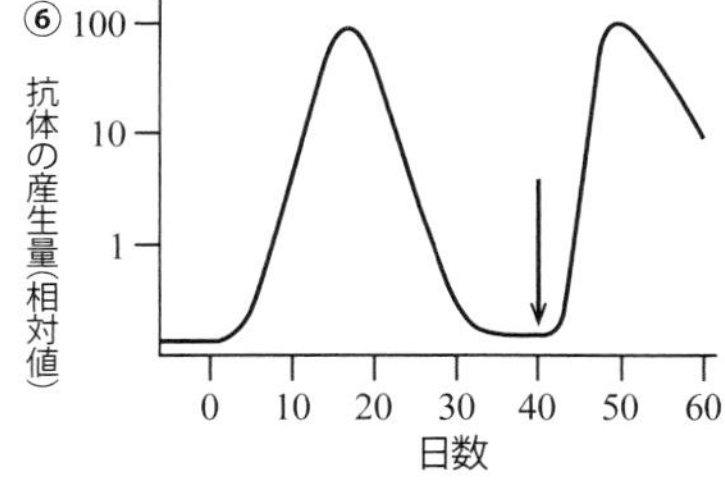

〔答：③〕

（②：平成 29 年度大学入試センター試験）

4 【願書】看護受験は願書も重要！（その1）看護師志望理由3STEPの型に当てはめよ！

入試対策同様に重要なものの一つが、願書の作成です。なかでも「看護師志望理由」は、「なぜ看護師になりたいのか」がしっかりと書けているかどうかといった視点で読まれます。

そんな願書の核となる「看護師志望理由」なのですが、KDG流「3STEPの型」に当てはめれば、机に向かってウンウンうなることなく（少しは悩むかもしれませんが）作ることができるのです。

〔看護師志望理由を作るための3STEP〕

STEP1：自分の体験を書く。

「私は〇〇の頃……」

STEP2：STEP1で書き出した体験の中でも、印象に残っている部分を

ピックアップする。
STEP3：自分が思う看護師の魅力と、看護師になったときに実現したいことへの意気込み。
「STEP2までの経験から、○○という考え方をするようになりました。そしてこの思いを実現させることができるのは、看護師という職のほかはないと思い、志望いたしました」

3つのSTEPを落とし込めるよう、例文を当てはめながら見ていきましょう。

STEP1：自分の体験
私は中学生の頃、○○の病気で入院したさいに、看護師さんの対応、優しさに感動して、看護師に憧れを持つようになりました。高校2年生の春には看護体験に参加し、清拭や食事介助のお手伝いをさせていただきました。

STEP2：ピックアップ
看護体験のさいに一番印象に残ったのが、看護師さんの患者さん一人ひとりへの対応です。食事の介助だけをとっても、患者さんごとに食事のスピード、スプーンに乗せる1回当たりの量、体勢の整え方などを細かく調整していたことに驚きました。

STEP3：看護師の魅力

医師より患者さんに近い立場で、個々の患者さんに応じた看護ケアをすることにより、病状回復のサポートができる看護師の仕事に魅力を感じ、志望いたしました。

何をおいてもSTEP3が、「なぜ看護師を目指しているのか」という志望動機を強める部分です。

病院で業務を行う人は、看護師以外にもたくさんいます。入院時には接することがなくても、看護師を視野に入れたなら、医師、薬剤師、リハビリテーション部門の理学療法士や言語聴覚士、介護士なども一度は検討したかもしれません。

数ある職種の中で、なぜ看護師を目指すのか。**あなたが思う、他の職にはない看護師の魅力**を含めて、看護大学や看護専門学校の面接担当に伝える必要があります。

5 【願書】看護受験は願書も重要！（その2）学校志望理由3STEPの型に当てはめよ！

「看護師志望理由」は、「なぜ看護師になりたいのか」をしっかりと伝えることが大切だとお話ししました。その看護師になるために、「なぜこの学校に入りたいのか」ということも学校に伝える必要があります。

入学してから「思っていたのと違う」とならないためにも、学校について研究し、そこならではの特色を考える時間を持っておくことをオススメします。

「なぜこの学校なのか」も、志望動機同様に「3STEPの型」に当てはめることができます。

〈**志望理由を書くための3STEP**〉

STEP1：学校の特色を調べて書く。

「私がこの学校を志望したのは、○○だからです」

STEP２：自分との結び付きを書く。
「私は〇〇したいという思いがあり、△△に特に興味があります」
STEP３：オープンキャンパスでの実感を書く。
「オープンキャンパスにうかがい、（生徒の様子や先生の話を盛り込む）から、□□だと感じられました」

では、学校志望理由例を見ていきましょう。

STEP１：学校の特色
私が貴校を志望した理由は大きく二つあります。一つは海外研修制度がある点、そしてもう一つは複数の病院で実習を行える点です。
STEP２：自分との結び付き
海外研修では多くの人と接し、たくさんの経験を積むことで自分の価値観やコミュニケーションの幅を広げていけると考えております。また、学生のうちから就職を視野にさまざまな医療機関を見ておきたいという思いがあります。そのため、複数の病院で実習ができることに興味を持っています。

ＳＴＥＰ３：オープンキャンパスでの実感

オープンキャンパスでは、在学生の皆さんが積極的に活動している姿を見ることができました。また、各研修制度だけではなく、案内してくださった○○先生のお言葉の端々からも「専門職として貢献できる人材を育てる」という教育目的を感じることができたので、貴校を志望いたしました。

ＳＴＥＰ３が核を担う部分であることは、志望動機と共通しています。看護師になるための教育機関は、３年課程の看護師養成施設だけでも約９００カ所あります。

多くの看護師養成機関の中から、なぜこの学校を選んだのか。**学校の魅力と自分の思いとを結び付けて**アピールしましょう。

●コラム● 「精いっぱい生きる」ということ

足が動かず、食事はチューブなどで直接胃や腸に送らなければいけない女性の生活と聞くと、どんなイメージをしますか？ 車椅子に乗っていて、常に親か介護をする人がそばにいる。暗い顔で時間が経つのをただ待っている。多くの人は、こういう想像をするでしょう。

しかし「私が知っている下半身不随・胃ろうの患者さんはまったく違います。いろいろなことを経験しようと日々動き回っている、そんな女性です」と取材をした看護師は言います。

「彼女に連絡すると、だいたい『スウェーデンです！』『今日は南米』あるいは『台湾に着いたところです！』といった返信が。『やりたいことをやらないまま死を待つより、やれることは全部やっておきたい。それだけ』を座右の銘に、彼女は行きたいところへ出かけ、見たいものを見て、飲み込むことはできないけれど食べ物を口に含み、味わっています。理解者と協力者を増やしながら不自由さに負けず毎日を生き抜いているのです」

私たちはどうでしょうか。少なくとも今、健康であるのをいいことに、漫然と決まった行動を繰り返してはいないでしょうか。

「業務に忙殺され、看護師としての本質である〝命を尊ぶ〟ことが時に薄れてしまうこともあります。ですが、身体能力が制限され、残りの寿命が見えたときに患者さんが見せる精いっぱいの生きざまを通して、私は命の美しさに震え、その重さを再確認しては気持ちを新たにするのです」と、その看護師は教えてくれました。

第3章

正しい勉強法を身につける

― 学科編 ―

1 【国語】漢字

——漢字を制する者は国語を制す

漢字の勉強で意識してほしいことはただ1つ。書きの勉強だけで終わってはいけない、ということです。**漢字の意味や使い方**をマスターすることで、一石二鳥の効果があります。

よく「国語の文章を読むうえで、語彙力が大事」だといわれます。では語彙力とはいったい何なのか、どうやって鍛えることができるのか。

実は、**語彙力＝漢字の意味**なのです。

例えば、次の文章の意味が分かりますか。頭にスッと入ってきますか。

「私の主観的感覚で言えば、日本の教育は画一的であるように見受けられる」

この文章を読んで、「なるほど」と理解できた人は素晴らしい！　このまま国語力を鍛えていきましょう。「何言ってるの？」と思った人がつまずくのは「**主観的**」や「**画一的**」の意味が分からなかったからでしょう。

逆にそのあたりの漢字の意味や使い方が頭に入っていれば、文章を読むのがグッとラクになります。

文章が読むのが苦手な人は、漢字の意味や使い方を分かっていないことが多いのです。つまり、漢字を制すれば、国語を得意にすることができます。

〈漢字の勉強の4STEP〉

STEP1：漢字の問題集を解いてみる。
STEP2：間違えた漢字は、間違いノート（図3－1）**にまとめておく。そのさいに、意味が分かりにくい漢字は例文も書いておく。**
STEP3：まとめた後、再度答えを隠して小テストする。
STEP4：間違えた問題にチェックを付けておく。

図3－1　手書きのノートのイメージ【漢字】

このように、必ず漢字の意味や使い方を勉強するようにしましょう。

【国語】読解問題
――「なんそれ？　ワード」を発見し、具体的説明を探す

国語の文章は、「なんそれ？　ワード」に着眼すべき。これは、ＫＤＧ看護予備校のこんちゃん先生が発明した国語の読解術です。

【例】「我々は、時として、倫理的な決断を迫られることがある。例えば、早朝、学校へ向かって歩いていたとき、道端に店の看板が倒れていたのを発見した。それを直してあげるか、否か。電車で座っていると、目の前に杖をついた高齢者がやって来た。席を譲るべきか、否か」

波線を引いた文章が「なんそれ？　ワード」です。

この「なんそれ？　ワード」、多くの学校では「国語の読解問題では、まず抽象的で分かりにくい箇所に線を引きましょう」というふうに説明されています。

抽象的な箇所うんぬんという解き方のコツの説明自体に、学生が苦手感覚を持っているように思えて、こんちゃん先生は悩んでいました。

「この文章、何を言いたいの？」「なにそれ？」「なんそれ？」……と、頭に？マークを浮かべる生徒たちの様子を見て、こんちゃん先生の頭にひらめいた言葉が「なんそれ？　ワード」だったのです。

〈**読解の勉強の3STEP**〉

STEP1：「なんそれ？　ワード」を見つける。
STEP2：「なんそれ？　ワード」をマルで囲む。
STEP3：「なんそれ？　ワード」を具体的に説明している箇所を探す。

【例】「我々は、時として、倫理的な決断を迫られることがある。」例えば、早朝、学校へ向かって歩いていたとき、道端に店の看板が倒れていたのを発見した。それを直してあげるか、否か。電車で座っていると、目の前に杖をついた高齢者がやって来た。席を譲るべきか、否か」

この問題文の場合、「なんそれ？」と言いたくなる抽象的な表現をしている箇所は、「倫理的な決断を迫られることがある」という部分です。そこにマルをつけてしまいましょう。

「なんそれ？ ワード」を具体的に説明している箇所を見つけるときに役立つのが、「例えば」「一例（例）を挙げると」といった語です。前にある文章を、具体的な例を挙げて説明するために使う言葉なので、「なんそれ？」と「例えば」をセットで覚えておくと役立ちます。

ですので、具体的な説明箇所は、

「早朝、学校へ向かって歩いていたとき、道端に店の看板が倒れていたのを発見した。それを直してあげるか、否か。電車で座っていると、目の前に杖をついた高齢者がやって来た。席を譲るべきか、否か」

という部分になります。

もう一度、その説明文をよく読んでみてください。「あれ？　この説明文って、丸ごと『なんそれ？　ワード』の文章に置き換えられるんじゃ？」と気づけたら正解です。

「なんそれ？　ワード」は、文章の中で主役を張っているケースが多いのです。筆者が一番伝えたいところはどこかな、という視点で文章をシンプルにしていくと「なんそれ？　ワード」が残ります。

３つのＳＴＥＰで余分な文章を取り去って、筆者が言いたい部分だけを残すこと。こうして文章を頭に入れていくことが、国語の点を伸ばす近道なのです。

3 【国語】四字熟語
――四字熟語は、まずスマホで調べるべし！

四つの漢字で作られている四字熟語を覚えるには、熟語ができた**歴史的ストーリー**を知るのが一番です。関係性が薄いように見える漢字の並びも、ストーリーを知れば納得できるものがほとんど。熟語と意味だけを覚えようとして苦戦している学生には、「熟語には、必ずそれができた歴史的ストーリーがあるから、スマホで調べてイメージを膨らませてみて」とアドバイスしています。

◆ストーリーで覚える四字熟語シリーズ〈呉越同舟〉

意味：仲の悪い者同士が共通の利害のために協力すること

この熟語が出来上がった舞台は、昔々の中国です。

当時、中国にあった「呉」と「越」という国はとても仲が悪く、ケンカばかりしていました。

そんな両国を題材に、「ケンカばかりしている呉と越の国民が同じ舟に乗り合わせて、さらにその舟が暴風に襲われたら、いくら仲が悪くても、生き残るために協力するだろう」という例え話が生まれました。


これが、「仲の悪い者同士が共通の利害のために協力すること」という「呉越同舟」のストーリーです。

◆ストーリーで覚える四字熟語シリーズ〈朝三暮四〉

意味：目の前の違いにばかりこだわり、結果が同じだと気づかないこと

ある親子が、こんな会話をしています。

「お父さん、チョコレートちょうだい！」

「いいけど、今は3個までだよ。夕方、学校から帰ってきたら、4個あげるから」

「ええ～、今は3個だけ？」

「それなら、今4個、夕方は3個にしようか」
「やった、4個食べられる！」

「チョコレートを多く食べられてよかったね」なんて、思っちゃダメですよ。朝に3個、夕方4個→朝は4個、夕方に3個。足し算をすると、どちらも7個ですよね。

この子どもは、「すぐもらえる個数」にしか関心がなく、この日食べられるチョコレートの数がどちらにせよ7個だということに気づいていません。これを、朝に3個、夕方（暮れ）に4個で朝三暮四といいます。つまり「目の前の違いにばかりこだわり、結果が同じだと気づかないこと」という意味になるのです。

どうですか？　ストーリーを知ると「なるほど！」と思えるでしょう。意味だけを覚えるよりも覚えやすく、忘れにくいのがストーリーによる暗記法なのです。

ちなみにこれは四字熟語だけではなく、ことわざや故事成語（「塞翁が馬」「覆水盆に返らず」など）の勉強にも活用できます。

図3−2　手書きのノートのイメージ【四字熟語】

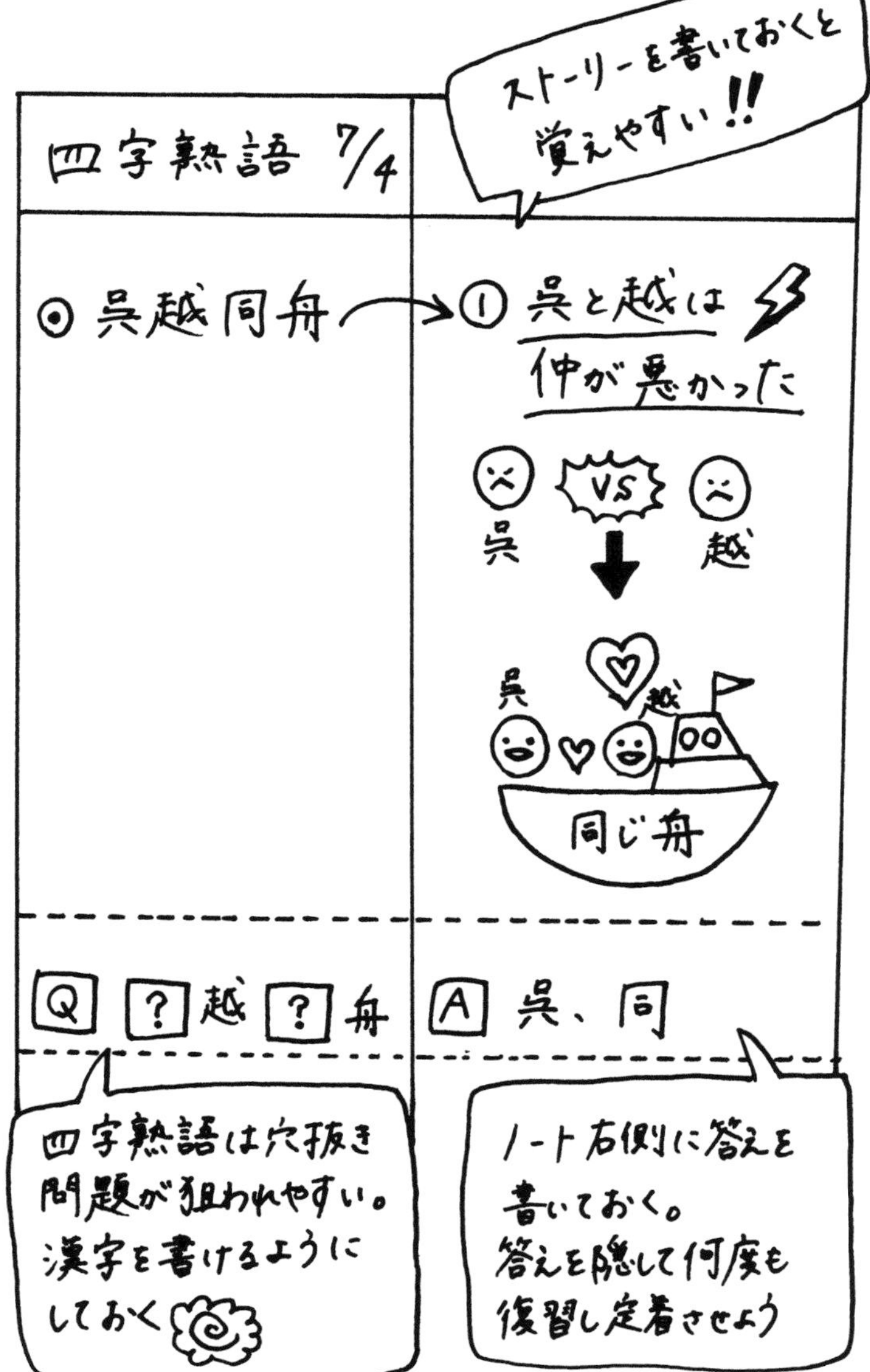

〈四字熟語の勉強の3STEP〉
STEP1：知らない四字熟語にチェックを入れる。
STEP2：ストーリーを調べて、ノート（図3－2）にまとめておく。
STEP3：穴埋め問題を解く。

4【数学】ノート術――一つずつ究めていく

数学で大切なのは、**初動ポイント**。

初動ポイントとは「問題を解くために、まずすべきポイント」を指します。「やるべきこと」の繰り返しで、一つの問題を切り崩していく。こうしたプロセスを要する数学の点数を上げるには、コツコツ努力を積み重ねるほかありません。

【例】二次関数 $y=x^2-2x+3$ のグラフを書け。

この問題を例に、数学が得意になる鉄板勉強法を伝授します。次の5STEPにしたがって解いてみてください（図3－3）。

〔数学の勉強の5STEP〕

STEP1：例題を解く。

まず、自分なりにこの問題を解いてみる。

STEP2：青ペンで解き方を写す。

STEP1で解いた問題の下に、青ペンで解き方を写す。

STEP3：赤ペンでポイントを書く

重要そうなポイントを赤ペンで書き出す。この例の「二次関数のグラフを書け」という問題のポイントは、グラフの頂点を見つけること。それには、平方完成*というテクニックが必要。

*平方完成：二次方程式を一次式の2乗の形にすること

STEP4：何も見ずに、STEP3のポイントを10回口に出して言う。

この場合「平方完成、平方完成、平方完成……」と10回、口に出して唱える。

STEP5：類題を解いてみる。

違う二次関数のグラフ問題に挑戦。

二次関数のグラフを書く問題は、大きく4つのパターンに分かれます。

まずは1つのパターンを繰り返し解きます。正答率100%に近づいたら、2つ目のパターンの二次関数グラフ問題に取りかかってください。

二次関数を30分やったら、次の30分は平方根の計算、次は……というように、系統の異なる問題を少しずつやるのは逆効果です。1つずつ究めていくことで、答えに至るまでのプロセスが着実に身についていきます。

図３－３　手書きのノートのイメージ【二次関数】

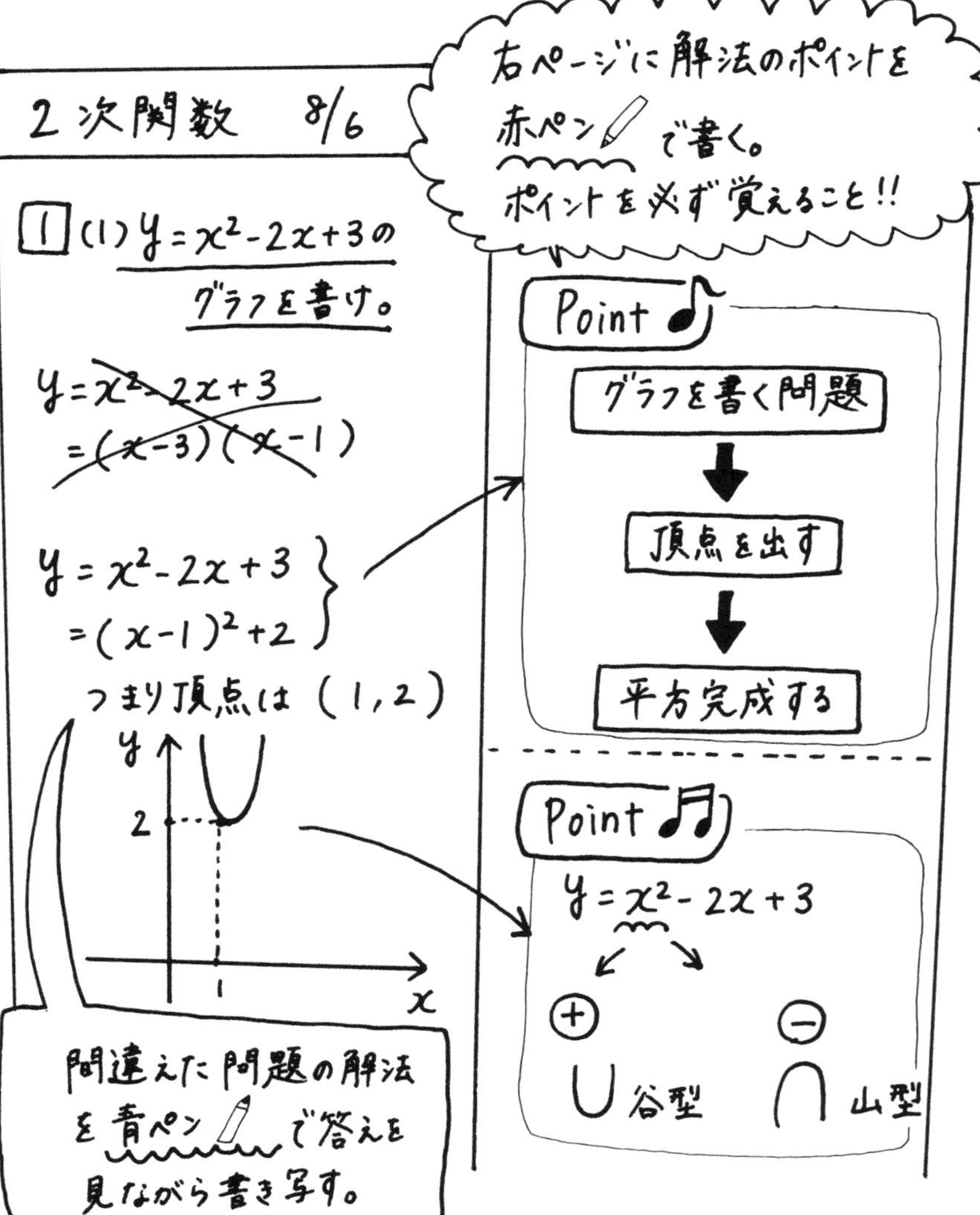

5 【数学】復習法
——問題の選別で、自分のレベルを把握

数学を勉強するときに重要なのは、**どの問題をどのくらい繰り返して復習するかの見える化**です。

当校の学生さんに「解けた問題、解けない問題、問題を見ても何をすればいいのか分からなかった問題をそれぞれ教えて」と聞くと、「えっ……？」という顔をします。

勉強してくれるのは嬉しいですが、この問題は解ける／解けない、解けないにしてもポイントは分かるのか、問題の意味すら分からないのか。これを把握しているかどうかで対策が変わります。

効率よく勉強を進めるには、自分のレベルを理解するために問題の選別をしておくことが大事です。

選別の方法は簡単です。

◎…数秒で完璧に解ける。
○…解けたけれど、たまたまかも。もう一度解けるか不安。
△…間違えた。解説を読むと「なるほど」と思える。
×…解説を読んでも理解不能。

解いた問題に、こういった印をつけることです。
○×でもいいですし、オリジナルマークでもＯＫ！

○と△は、とにかく繰り返し解いて◎レベルに持っていくこと。
×は、初動ポイントを見つけるのが先です。初動ポイント探しは学校や予備校の先生に力を借りてください。先生をつかまえて、質問する！　解きまくる！　これが大事です。

6 【英語】英単語の覚え方
——ストーリーを活用

immediately, pollute, characteristic……

何度やっても、どうしても覚えられない英単語、ありませんか？

見てダメなら書いて覚えよう！　と、英単語だけを何度も書いて覚えようとする学生がいます。努力する姿勢は素晴らしいのですが、残念ながら「単語だけ書いて覚える」は時間のムダ。

〔英単語の勉強の5STEP〕

STEP1：仕分け作業

英単語アプリや英単語帳で、分かる英単語と分からない英単語の仕分けをする。

＊英単語を見て、日本語が言えればOK。英単語を書けなくても大丈夫。

STEP2：英単語ノート
分からなかった英単語を、英単語ノート（図3－4）にまとめておく。
STEP3：即、小テスト！
英単語ノートの答えを隠して小テストをし、間違えた英単語にはチェックを付ける。
STEP4：自作ストーリー
間違えた英単語には、自作ストーリーを書いておく。
STEP5：3回繰り返し
英単語ノートにまとめた問題を、3回繰り返し小テストをして定着させる。

四字熟語を覚えるコツでお話しした、ストーリーを活用する方法が英単語の暗記にもピッタリ。

それが**STEP4の自作ストーリー**です。それらの英単語が、どういうシチュエーションで使われているかを自分で考えて、ストーリーをノートに書いてみてください。

ストーリーといっても、作文しろというわけではありません。一文で十分です。

●immediately：すぐに

「迎えに来て！　immediately！」

電話で彼氏に「すぐに迎えに来て！」って言っている女性をイメージします。画像でリアルにイメージするとさらに覚えやすくなります。

●pollute：汚染する

「僕のオナラで空気を pollute してしまった。」

pollute→オナラが出てくればオッケーです。「オナラ」「うんこ」のような少し下品なネタだと記憶に定着しやすいといわれています。

●extraordinary：異常な

「彼のラーメンにかける情熱は extraordinary だ。」

シチュエーションを考える、これが結構楽しい。しかも頭を使うから、一発で覚え

図3－4　手書きのノートのイメージ【英単語】

英単語　5/16

・immediately → すぐに

「迎えに来て！ immediately !!」

今すぐ!!

・pollute → 汚染する

「僕のオナラで空気を pollute してしまった。」

プゥー

・extraordinary → 異常な

「彼のラーメンにかける情熱は extraordinary だ。」

何回も右ページを隠して繰り返し小テストをすることが大事!!

英単記暗記のコツ

自作のストーリーを書いておくと格段に記憶に定着しやすい。正確さよりもインパクト重視で!!

てしまう学生もいるんです。

【英語】英文法
――なぜその答えを選んだのか

英文法の問題を解くときに最重要なのが、**答えを選んだ理由**です。

英文法はよく適語補充問題（ア～エの中から選ぶ問題）や並び替え問題で出題されますが、問題を解いて答え合わせをして終わり、ではなくて必ず答えを選んだ理由まで言えるようにしておくべきです。

〔英文法の勉強の3STEP〕

STEP1：問題を解く。

まず、自分なりに問題を解いてみる（図3－5）。

図3-5　手書きのノートのイメージ【英文法】

英文法6wプリント 7/7	
(1) ① ~~イ~~ ア →	forget < -ing（過去）/ to-（未来） 今回は未来だから、to-
② ア（○） →	makeは使役動詞 make ○ C ↓ 原形になる!!
③ ~~ア~~ エ →	look forward to -ing これは熟語なので そのまま覚える!!

check
答えを選んだ理由を明確にする
○か×かは大切ではなく
「なぜその答えが正解なのか」が
大切で、必ず言語化しておくべし

STEP2：赤ペンで正答と正答理由を写す。
間違えた問題は必ず正答と正答理由を書く。合っていた問題も理由まで合っていたか要確認。その正答理由こそが、その問題のポイント。
STEP3：何も見ずに、STEP2のポイントを10回口に出して言う。

8 【英語】英語長文 ――入門編

ちょっと話はそれますが……。英語力を短期間で劇的に上げる、有効な方法は何だと思いますか？

一つの考え方として、それは**英語を使う外国人の恋人をつくること！**

好きな人と会話をしたいから、寝る間を惜しんで勉強する。恋人との会話で勉強したことを実践する。勉強と実践にかける熱意と量が半端でないからこそ、短期間で英語力が向上します。

とはいえ、皆さんに外国人の恋人をつくれと言うわけではありません。

「野球がうまいよな」「英語がよくできるよね」というふうに、得意なものをつくるには、それが好きだということが大切です。他人からしたらつらい練習や勉強も、好きならずっと続けたくなります。熱中しているうちに、いつの間にか身についているというカラクリです。

前置きが長くなりました。ここで言いたいのは、英語の長文が苦手な人は、**最初から参考書や問題集を使ってはいけません**ということです。

英語と日本語は考え方が違います。最初は慣れることから始めましょう。彼氏・彼女に比べると弱いかもしれませんが、例えば大好きなマンガの英語版だとどうでしょう。「このセリフ、英語だとこう言うんだ！」という発見があるはず。

「読める！」「分かる！」という感覚がつくほどに、英語の勉強は楽しくなっていきます。

初めの1冊は、マンガか絵本を読んでみましょう。日本語でストーリーを知っている、過去に何度も日本語で読んだことがあるものがオススメです。

・自分の好きなマンガの英語版
・ストーリーを知っている絵本の英語版

ストーリーを知っているという以外でも、マンガや絵本は文章・単語の量が少なく、文章も易しい文法で作られているので、英語学習の初期にはピッタリです。

9 【英語】英語長文——入試対策編

マンガや絵本で「ちょっと英語に慣れてきたかも？」と手ごたえを感じ始めたら、参考書や過去問題集の英語長文問題に挑戦していきましょう。

1日1本・1カ月で20本を目安に目を通して、とにかく長文問題に慣れていきましょう。1日1本読むごとにカレンダーにシールを貼る。自作のポイントカードを作って1日1本読めたらシールを貼って、7つたまったらチョコレートを1つ食べる……。

淡々と1日1本・1カ月で20本読み進めるのが難しそうなら、こんなふうに楽しめるイベントを作るのもオススメです。

もう一つのポイントは、英語長文を読むときは必ず専用のノートを作ること。読みながら、手書きのノートのイメージ（図3－6）のようにして英単語や英熟語、英語表現をチェックしていきます。

〔英語長文を得意にする4STEP〕

STEP1：1文1文、日本語訳しながら長文を読んで、問題を解いていく。

根気がいる部分。初めのうちはうまく訳そうとは思わずに、英文の頭から日本語にしていく。
STEP2：分からない英単語・英熟語や文章にマーカーを引いておく。
どこが分からないのかを後からすぐにチェックできるように、解きながら目印をつける。
STEP3：解説を読む。
解説を読んで分からないところは、先生に聞いて理解しておくこと！
STEP4：分からなかった英単語・英熟語・文章を右ページにまとめておく。

図３－６　手書きのノートのイメージ【英語長文】

Point

知らなかった英単語や英熟語をまとめておく。
長文の中で覚えることで、英単語や英熟語の使われ方がイメージしやすくなる

英語長文 2　9/18

(1) イ
(2) a
(3) bought
(4) ×

問題の答えを書いて丸つけをする

英単語・英熟語

- allow → 許す
- between A and B → AとBの間
- attend → 出席する

英文

The study (of children between six and eleven in United States of America) found [When children play with their friends.]

☑ 構造が複雑で訳せなかった文章は書き出しておく。
☑ 構造を明確にして訳せるようにしておく。
☑ 文のカタマリを（　）や［　］でくくっておく。

●コラム● 先輩看護師のスパルタ指導?! 課題地獄を乗り越えろ!

「スパルタ?!」「課題地獄?!」「……どういうこと?!」

そう身構えないでください。病院勤務を例に、お話ししていきますね。

看護師は、2年間が新人と見なされます。「初めのうちはゆっくりペースで」と思っているなら、ご用心。新人期間はとにかく忙しいのです。

仕事に慣れること、研修、予習・復習、全てが同時並行で進みます。そこに、看護師特有の指導制度が加わります。

指導を受ける新人看護師はプリセプティーと呼ばれます。指導役には、看護師歴3～4年の先輩が当たり、こちらはプリセプターという名前です。

このプリセプターから「この病気の症状について調べてきて」「薬剤の効能や注意すべきことは何か」といった課題が出されるのです。回答はレポート形式だというのですから、ぞっとします。

提出締め切りに間に合わせるべく、寝る時間を削ってレポートを書く……。現役看護師に聞くと「つらかった」という感想が。でも、その後決まって「すごくためになりました。新人期間が明けると、自分がプリセプターになります。教えるには、自分自身の知識を確実にしなければなりません。先輩も、私のために時間を使ってくれていたんだなあ」という感謝の言葉が続きます。

プリセプターとプリセプティーは、本音を言い合える友人になることも多いのだとか。「しんどい」よりも、「新しい友人との出会い」「知識を磨く機会」というふうに考えて、積極的にチャレンジしてみては。

第4章

正しい勉強法を身につける

― 小論文・面接編 ―

看護専門学校、看護短期大学、そして大学看護学科。いずれの学校を選んだとしても、必ずと言っていいほど課されるのが小論文と面接です。

学科試験1科目・小論文・面接、学科試験2科目・面接などの組み合わせも多く、こうした場合の小論文・面接の配点はともに全体の3分の1を占めることになります。

つまり、学科数が何科目あったとしても「小論文は苦手だから学科を頑張ろう！」「面接は苦手だから、面接は捨てよう！」が通じない。いくら満点を取る必要がないとはいっても、ライバルより少しでも高い点を取ることほど安心なことはありません。

合否を分けるといっても大げさではないくらい受験に重要な要素であるにもかかわらず、小論文・面接対策に割かれる時間は、学科試験対策に比べると少ない傾向にあります。

そもそも「小論文って何？」という状態で過去問題を見る。すると、インフォームド・コンセント、再生医療、災害医療など耳になじみのない医療関連用語が並んでいる。「対策といっても何をすればいいのか分からないうえに、用語も分からない！」とフリーズする……という流れです。

繰り返しになりますが、小論文と面接は看護師を目指すうえで避けられない課題です。第４章では、小論文と面接対策のコツや頻出問題などについてお話しすることにします。少ない時間でも効率的に対策して、高得点を目指しましょう。

1 看護医療系小論文は４つの型をマスターせよ！

まず、小論文と作文の違いからお伝えしましょう。

「昨日は友達と海で遊んで楽しかった。また皆で遊びに行きたいと思う」

これが作文です。自分の個人的な体験や、体験についての感想を書くものです。

小論文とは

「友達と遊ぶ時間は楽しいものだ。それだけではなく、両者の結束や絆を強くできるという点において有意義でもある。特定の人物に限定せず、クラスのメンバーとまんべんなくこうした時間を取ることで、クラスの団結力を強めることができるだろう」

分解すると、小論文は大きく3つの要素で構成されていると分かります。

〔小論文を構成する3つの要素〕

自分の主張：友達と遊ぶ時間は楽しいものだ。

主張の根拠・理由：それだけではなく、両者の結束や絆を強くできるという点において有意義でもある。

前向きな解決策・提案：特定の人物に限定せず、クラスのメンバーとまんべんなくこうした時間を取ることで、クラスの団結力を強めることができるだろう。

小論文で求められるのは、「自分の主張」「主張の根拠・理由」「前向きな解決策・提案」がしっかりと書けていることです。自分の個人的な体験や感想を題材にするのは問題ありませんが、3つの要素を加えなければ小論文とは呼べません。高得点どころか論外の判定を下されてしまいます。

記入用紙の基本的な使い方7カ条もチェックしておきましょう。

①段落の最初は1マス下げる
②かぎかっこや「、」「。」などは1マスずつ使う
③「、」「。」やかぎかっこ、まるかっこのおしりが行の先頭にくる場合は前行の最後に入れる
④かぎかっこの中でもかぎかっこを使いたい場合は、二重かぎかっこを使う
⑤余韻を出すさい、語尾につける「…」や「!」「?」は基本的に使わない
⑥縦書きでは漢数字、横書きでは算用数字を使う
⑦横書きでも「1万」は「一万」とする。万・億・兆につく数字は漢数字にする

他にも、本番でよくある文章表現のミスもご紹介しておきます。

・◯小論文は「である」「のだ」など常体と呼ばれる表現を使う。

×途中で「です・ます」を入れる。

・会話調子で書かない。

Ex）×「だから」→○「したがって」など

・主語と述語が合っているかを確かめる。

○私の夢は、看護師になり何不自由ない安定した生活を送ることだ。

×私の夢は、看護師になり何不自由ない安定した生活を送りたい。

↓主語が「私の夢は」にもかかわらず、述語が「送りたい」となっていて、合っていない。

小論文という表現方法になじみがないうえに、難しい医療用語がテーマとして出される。これだけでやる気がなくなってしまいますが、型を身につけさえすれば、過剰な不安を抱く必要はありません。

朝食に必ずカレーを食べる、目を閉じて顔の前で印を結ぶといった動作を試合前や試合中に行っているスポーツ選手がたまにいます。ルーティンと呼ばれるこの動作は、「試合」という特別な場所でもあがることなく普段の練習成果を発揮するために行います。

小論文の型もこれに似ていて、高得点小論文という結果につながる4つの型があります。どんな出題形式・テーマでも、これからご紹介する4つの型のいずれかに当てはめることができ、構成で悩むことなく小論文を書けてしまいます。

ただし、スポーツ選手が試合で結果を出せるのは、普段の練習量があるからです。ルーティンは心を落ち着け、集中力を高めるための一種のおまじないのようなもの。小論文も同様です。型があれば、練習をしなくても高得点を取れるというわけではありません。あくまで補助的な役割を果たすものです。ですから、型に3つの要素をどう当てはめるかがぱっとひらめくようになるには、書く練習が必須です。

小論文の骨組みが分かったところで、何を見たくて小論文を書かせるのかをお伝えします。それはずばり、受験生が「看護系の学校にふさわしいかどうか」、ひいては医療従事者としてふさわしいかを判断するためです。

「ふさわしい人物」である度合いは、具体的に「医療への熱意」「人を慈しみ、思いやる心」「情報処理能力」の3つを持っているかどうかで測られます。

まとめると、「医療従事者としての適性」を示すものが小論文です。医療従事者は、どのような状況下でも冷静さを失わず、理論的かつ簡潔に意見を交わし処置をする必要があります。理論的かつ簡潔に考えをまとめられるかを見るうえで、小論文はピッタリなのです。

ここまでで、小論文で何を見られているかがつかめたと思います。様式だけ意識して自由に書ければ苦労はないのですが、小論文には出題タイプがあり、このタイプも大きく3つに分類できます。

〈出題の3つのタイプ〉

①テーマ型タイプ

「現代社会におけるコミュニケーションのあり方について、あなたの考えを800字以内で書きなさい」など、聞きたいことをストレートに提示する。

②課題文型タイプ

課題文を書いた著者が伝えたいこと、関連する事柄を読み取らせたうえで受験生の考えを問う。

③グラフ・資料型タイプ

グラフ・資料が示す事柄を正しく読み取れるか、そのうえで問題点・解決策について論じさせる。

出題タイプを見て情報を処理し、小論文の構成を考え、必要な要素を含めた形で制限時間内にまとめる、それが小論文という試験です。ある程度の練習が必要だとお伝えした意味を実感してもらえたことでしょう。

でも、心配しすぎることはありません。KDG看護予備校が伝授する「4つの型」を身につけていれば、厄介な小論文の構成で悩むことはありません。時間内に書き上げるだけで精いっぱいだった受験生たちの中には、全体を見直す時間を確保できるようになったという話もよく聞きます。

KDGが推奨する4つの型の全貌をお見せしましょう。

〔小論文の4つの型〕
第1段落：前書きと問題提起
第2段落：自分の主張・意見提示
第3段落：主張の根拠・解決策
第4段落：結論

素っ気ない感じですみません。もちろん、順に説明していきますよ。

2 小論文の第1段落：前書きと問題提起

「健康についてあなたの考えを800字以内で書きなさい」というテーマを与えられたとして、お話をしていきます。

第1段落には①**社会の現状や一般論**、②**問題提起**という2つの情報を入れ込みます。

「健康についてあなたの考えを800字以内で書きなさい」というテーマであれば、

「近年、健康についてニュースなどで取り上げられ、話題になることが多い。さまざまな健康法や健康食品、健康グッズなど健康に関する情報はあふれ、何が正しいのか判断することが難しい」

といった書き出しができます。

続けて、書き出しで示した現在の社会状況やニュースなどで報じられる一般論に対して感じる問題意識を書きます。

「そのような時代のなかで我々は、健康を保つために何を情報源とし、どう行動すべきか」

ポイントは、「健康について」といった幅広いテーマの中で、**自分が書きやすい話題に絞り込むことです。**

例では「健康維持のためにすべきこと」に絞り込みましたが、「喫煙」に関する知識に自信があるなら「喫煙」でもよいですし、「精神面での健康」のほうが書きやすければメンタルヘルスのあり方について語っても構わないのです。

3 小論文の第2段落：自分の主張・意見提示

第1段落は、社会の現状・一般論、そして問題提起で終わらせています。

第2段落では、第1段落に書いた問題提起に対する自分の意見を書いていきます。

「根拠の薄い情報に踊らされる前に、基礎的な生活習慣を改善することで心身の健康改善を目指すべきだ」

自分の主張・意見を提示するさいのポイントは、「～すべきだ」「～すべきである」と強く断定することです。第1段落の問題提起を受ける主張・意見提示が矛盾していると、大幅な減点対象になるので、2つの意見がかみ合うように十分注意しておきましょう。

減点対象例も参考までに載せておきましょう。

第1段落の問題提起が「そのような時代のなかで我々は、健康を保つために何を情報源とし、どう行動すべきか」であった場合に自分の主張・意見提示を「健康を保つことは人生において有益なことだ」としてしまうと、質問と回答が合っておらずかみ合いません。

問題提起と主張・意見提示の部分はセットで考えることが大切です。

4 小論文の第3段落：主張の根拠・解決策

折り返し地点です。頑張りましょう！

第2段落で述べた自分の主張「根拠の薄い情報に踊らされる前に、基礎的な生活習慣を改善することで心身の健康改善を目指すべきだ」を受けつつ、第3段落では、大きく2つのことを書きます。

①「**主張の根拠**」

②「**解決策や改善提案**」

主張の根拠：「なぜなら、さまざまな働き方・生き方をする現代人の生活習慣は乱れていることが多く、それが健康の不調につながっているケースも少なくないからだ」

解決策や改善提案：「解決策は三つある。第一に食生活を整えることだ。○○○。第二に運動の習慣をつけることだ。○○○。第三にストレスをため込まないことだ。○○○」

ポイントは、「解決策は三つある。第一に○○。第二に○○。第三に○○」という書き方をすることです。文章の中身が多少薄くても、この書き方を身につけるだけで文章が論理的に見えます。

小論文は、**いかに自分の文章を論理的に見せるか**の勝負です。

5 小論文の第4段落：結論

いよいよ最後の工程です。第1段落からここまで論理的に積み上げてきた情報をまとめ、結論、いわばオチをつける段落です。

「**このように、**食生活を整え、運動習慣をつけることは、生活習慣の基礎をより強固にする。また、ストレスをためすぎないようにすることで、精神衛生状態の改善も見込めるのだ。根拠の薄い情報を鵜呑みにして時間とお金を浪費する前に、少しの工夫や心がけで自分の健康状態を維持、改善することに取り組むべきだと考える」

第4段落のコツは、結論は「**そのように**」「**このように**」の書き出しから始めることです。この接続詞には、「これまでの文章の総まとめを、これから書いていきますよ」という合図を読み手に送る働きがあります。

もし字数をもっと付け足したい場合は、自分が医療従事者として今後どのようなことを大切にして、具体的にどんな行動をしたいかといった抱負や目標で締めくくるのも、結論として有効です。

さて、KDG流の小論文作成術で完成した小論文はこちらです。

近年、健康についてニュースなどで取り上げられ、話題になることが多い。さまざまな健康法や健康食品、健康グッズなど健康に関する情報はあふれ、何が正しいのか判断することが難しい。そのような時代のなかで我々は、健康を保つために何を情報源とし、どう行動すべきか。

さまざまな情報があふれているが、医療的根拠の薄いものも多い。そのような根拠の薄い情報に踊らされる前に、基礎的な生活習慣を改善することで心身の健康改善を目指すべきだ。

なぜなら、さまざまな働き方・生き方をする現代人の生活習慣は乱れていることが多く、それが健康の不調につながっているケースも少なくないからだ。健康によいという食べ物や器具などは頻繁に報道されている。その数は多く、とても追い切れるものではない。氾濫する情報の中からこれはというものを見つける労力よりも、暮らしの原点に立ち戻ろうと決めるほうが、行動へ移す時間が圧倒的に短く済む。解決策は大きく三つある。第一に食生活を整えることだ。自分で食事を作る時間がなくても外食だけに頼るのではなく、栄養バランスを考えた宅配食サービスなどを利用するのもよいだろう。第二に運動習慣をつけることだ。本格的にスポーツを始めるとなると時間的、心理的ハードルが高いだろう。通学時や通勤時に一駅分歩くことや極力階段を使うようにすることなど日常に運動を取り入れるとよい。第三にストレスをため込まないことだ。定期的に友達に会ったり趣味を見つけて楽しむ時間を持つなど、自分なりのストレス発散方法を持っておくことが必要だ。

このように、食生活を整え、運動習慣をつけることは、生活習慣の基礎をより強固にする。また、ストレスをためすぎないようにすることで、精神衛生状態の改善も見込めるのだ。根拠の薄い情報を鵜呑みにして時間とお金を浪費する前に、少しの工夫や心がけで自分の健康状態を維持、改善することに取り組むべきだと考える。

【小論文】20本の看護小論文頻出テーマを一挙公開！

全国の看護受験生の協力を得てＫＤＧがはじき出した「看護受験でよく出る小論文テーマ20」を大公開！（表４－１）

表４－１　看護受験でよく出る小論文テーマ20

（あなたの考えを800字以内で書きなさいという形式）

①	健康について
②	近年高齢化が進んでおり、それに伴う社会問題、課題も増えてきていることに関して
③	現代社会におけるコミュニケーションのあり方について
④	豊かな人間性について
⑤	チーム医療の中での看護師の役割について
⑥	環境問題について
⑦	近年、末期の患者のケアをする「ターミナルケア」が重視されるようになってきている。このターミナルケアに携わるさい、看護師が最も心がけるべきことは何か
⑧	健康と看護の関係、そしてそれを担う自分の役割について
⑨	あなたの理想とする看護師像、そしてその理想を目指すうえでの現在の自己課題を具体的に
⑩	個性の大切さについて
⑪	再生医療、出生前診断などの先進医療における倫理的問題について
⑫	現在、インフォームド・コンセントの原則が日本の病院でも取り入れられている状況について
⑬	ボランティア活動について
⑭	災害医療について
⑮	インターネット社会の弊害とそのあり方について
⑯	ＡＩをはじめとする科学技術の進歩について
⑰	あなたにとって自立した大人とはどういう存在か
⑱	あなたにとって「学ぶ」とはどういうことか
⑲	感染症とその対策について
⑳	「生」と「死」について

6 看護面接の必勝法

【面接】看護面接で面接官が見ている2つの最重要ポイント

ＫＤＧの面接対策はレベルが違います。看護専門学校や看護大学の先生から聞き取った「こういう学生がいれば嬉しい」という本音と、40年の職歴のうち看護部長を10年勤め上げた元看護師の経験談を掛け合わせ、ライバルの9割が知らない必勝看護面接対策を編み出しているのです。

結論として、看護面接で見られている最重要ポイントはこの２つです。

①周りとうまくコミュニケーションを取れそうか

看護専門学校や看護大学に入学すると、グループ学習が多いため生徒同士で密にコミュニケーションを取る機会が増えます。さらに看護実習では、実際に患者さんや医師、先輩看護師と接することになります。面接官が想定しているのは、この看護実習を乗り越えられる協調性やコミュニケーション能力があるかどうか、なのです。

②困難を乗り越えられそうか

人の命を預かるのですから、入学後の授業はかなりハードです。勉強や実習で挫折したり、つまずいたり、嫌になったりすることもあります。そんなとき「私は看護師に向いていない」と逃げるのではなく、逆境から次のステップにどうつなげるかを考えられる意志の強さがあるかどうかを面接官は見ています。

意志の強さを示すエピソードには、継続力アピールがピッタリです。小さい頃からピアノを練習し続けて、もう9年にもなっていることや、初心者から始めたバドミントン部で練習を繰り返し、最後には副主将を任されるほどやり抜いたといったエピソードがあれば大きな武器になります。

部活をしていなくても諦めることはありません。看護師を志望する強い思いもアピールポイントになるからです。なぜ看護師なのかを突き詰めて考えてみてください。

【面接】看護面接に向けて、「友達10人ヒアリング」を実行せよ！

自分で自分のことを説明するとしたら、どんなふうに伝えますか？　自分のことはよく分かっているという人がいるかもしれませんが、そんな人ほど注意が必要です。

「私っていつも笑顔で、はきはきしていて、それでいて謙虚なんです」という自己評価が、他人からすると「どこか無気力で自信なさそうな子」に映っているかもしれないからです。ここまで認識がずれているのはレアケースですが、自己評価と他人の評価は違うと知っておくことは大切です。面接対策は、まず**他人からの自分の印象を知ること**が重要です。その次に、**自分のことを知る**、つまり自分の長所や短所を整理していきます。

自己主張が強く見られているのか、協調性ありという評価なのか……。他人の評価を知ったうえで、面接で自分をどうアピールするかの戦略を立てるのです。

優しい雰囲気の人が、協力して何かをやり遂げたという協調性のエピソードを面接で話した場合、面接官は目の前にいる受験者の意志の強さを疑います。

見た目と中身のバランスを取るのがオススメです。自己主張が強そうに見られるのなら、協調性のあるストーリーを話すようにしましょう。受け答えの明るさに反して主張が弱く見られるのなら、強い意志で何かをやり遂げたといったエピソードを盛り込めるといいですね。

普段から仲良くしている人、顔を合わせたら挨拶はするけれどそこまで関わりがない人などから10人選んで「私ってどんな人に見えている？」と質問してみましょう。周りの人の意見を聞くことで、戦略の基礎である自分の印象をより正確に知ることができます。

【面接】看護面接に向けて、「ビデオ自撮り」を実施せよ！

自撮り、していますか？　ご存じかもしれませんがこの自撮り、実はいろいろな計算がなされています。どの角度から撮ると自分が一番かわいく見えるか、顔が小さく見えるか、痩せて見えるか。さまざまな方向から撮影し「これが鉄板！」という角度を割り出しているのです。苦心して撮った自撮り写真はここからさらにアプリで修整され、ようやくＳＮＳに投稿されます。

前置きが長くなりました。要は「こう見えているはず」という思い込みを捨て、リアルな記録で自分の欠点を洗い出そう、それには自撮りが一番、ということです。

面接力を高めるための見直しという観点なら、ビデオ自撮りが一番です。家族と一緒に住んでいるなら、リビングなど他の家族の目があるところで面接練習を自撮りしてみましょう。家族の評価も聞けるので、まさに一石二鳥といえます。

とはいえ、第三者の前で面接練習をすることは、思っている以上に勇気がいります。無理せず最初は、自分の部屋で面接動画を撮りましょう。

看護受験でよく出る質問、自分にとって難しい質問をいくつか書いて壁に貼り、その前にカメラをセットします。名前を呼ばれてドアを開けるところから退室するまで短縮なしで練習しましょう。

自撮りの再確認は、最初こそ違和感があるかもしれませんが、問題点や改善点を見つけるには最適です。さわやかさを打ち出すつもりが、前髪が目にかかって暗い印象になっている。大きな声を出しているはずが、こもって聞きづらい声だった。猫背で、かつ首の位置がゆがんでいるなど、見え方の分析もできます。

●面接力アップのポイント
・相手に自分はどう見えているか。清潔感はあるか
・聞きやすい声の大きさか、声のトーンが暗すぎないか
・話の組み立てはどうか。きちんと質問に回答できているか

【面接】看護面接は「面接あるある12」を押さえよ！

「この子もか」と一瞬にして面接官をがっかりさせ、イメージを下げてしまうのが「面接あるある」です。ＫＤＧ看護予備校では、そんな「あるある」を徹底調査。特に致命的な12のあるあるを突き止めました。

●面接あるある12

①丸暗記したことを、そのまま話す

よくまとまった回答に聞こえがちですが、面接官からすると棒読みでまったく感情が込もっていないという感想になります。

②早口でまくしたてる

別名マシンガントーク。面接はコミュニケーションの一つです。相手に伝わっているかを確認しながら、ゆっくりめに話しましょう。

③言葉が出てこず、黙ってしまう

緊張して言葉が出てこないというのは、面接ではよく起こります。もし頭が真っ白になったら、黙ってしまわず「頭が真っ白で言葉が出てこない」状態だということを素直に伝えましょう。面接官は敵ではありません。少し待ってくれたり、質問を別のものに変えるなど助け船を出してくれることもあります。

④面接中に泣いてしまう

避けたいところですが、泣いてしまったものは仕方ありません。面接官の心を動かす勢いで、思いの丈を全て伝えましょう。

⑤終始、無表情で話す

緊張を押し殺して、笑顔を保つのは難しいことです。身振り手振り、声のトーンをいつもより高くするなど、「表情」は全身でつくりましょう。

⑥相手の目を見ない

相手の目を見て話すのはコミュニケーションの基本です。慣れておきたいところですが、どうしても目を見るのが難しいのなら、面接官の鎖骨の上、喉あたりを見るようにしましょう。そうすると、相手は自分の目を見ていると錯覚してくれます。

⑦髪の色が明るい、長い髪をまとめていない

髪の毛を明るい色にしている場合は、オシャレはいったん我慢して黒く染めましょう。髪の長さは、男性は短めに、女性の長い髪はまとめて、前髪が目にかからないようにします。

男性の受験者で、髪を肩まで伸ばして志望校の面接を受けた人がいました。1回目の受験は不合格だったのですが、髪を切って同じ学校をもう一度受験したところ、見事合格。面接官に「髪の毛、サッパリしましたね」と言われる一コマもあったとか。身だしなみは、文字通り合否を分けるほど重要なのです。

⑧服装がきちんとしていない

高校生は学校の制服、浪人生・社会人はスーツが基本です。スーツはリクルートスタイルがよいでしょう。布とボタンの色は黒か紺、シャツは白で、鞄と靴は黒。ヒールの高さは3～5センチ、これらが鉄板です。迷ったときはスーツ専門店で「リクルートセットありますか」と聞いてみてください。

⑨メイクが派手すぎる

高校生はノーメイク、社会人はファンデーションとリップ程度で派手すぎず質素にしましょう。マツエク、カラーコンタクト、ネイルはNG！

⑩願書とかけ離れた内容を言ってしまう

願書に書いた内容とかけ離れたことや矛盾することを面接で言うのは避けたいとこ

ろ。全く同じ内容を言っても問題ありません。ただし、面接では「願書に書いてある○○とはどういうことですか」というように願書内容をより深く突っ込まれるケースがあります。準備しておきましょう。

⑪質問内容に回答が合っていない

質問した内容に答えられていないのは、最悪なケースです。質問の意図や意味が分からなければ「もう一度言っていただいてもよろしいでしょうか」などのように再度質問を確認するのも手です。

⑫面接時の部屋の入り方の基本が押さえられていない

入室するときのノックは基本的に2~3回です。ドアを開け、部屋に入って礼、ドアを閉めてもう一度礼。名前を伝えて礼、さらに座る前「失礼します」と言って礼など、要所で礼をすることも忘れないように。

【面接】よく聞かれる看護面接回答例27を一挙公開！

KDG看護予備校が、看護師歴40年の看護アドバイザーとともに抽出した「面接でよく聞かれる質問」とその回答例を大公開！　自分ならどう言うかを考え、周りの人にも聞いてもらいましょう。

①試験はどうでしたか。できましたか。

good!「どのくらいできたか分かりませんが、勉強したぶんの力は発揮できたと思っています」

bad!「分かりません」

point「分かりません」という回答は、自己分析ができていないと見なされるので要注意です。感想も言えるようにしておきましょう。

②看護師志望理由について教えてください。

「高校生のとき、手術のために入院しました。そこで担当していただいた看護師さんの言葉に救われ、患者の心身のケアができる看護師の仕事に魅力を感じ、志望しています」

「看護師は患者さんの手助けができる仕事だからです」

BADの答えは、看護師の志望理由になっていません。「あなたの言っていることがよく分かりません。もう少し詳しく教えてください」と、少しショックな言い方で追加質問されてしまうこともあります。こう聞かれても答えが出てこなければ、同じ回答を大きな声で言ってみるなど、黙ってしまわないことを優先してください。

②＋α　そのときの看護師さんについてもう少し詳しく教えてください。

「ちょっとした表情の変化を察し、『大丈夫？』と声をかけてくれました。

楽になる体勢も教えてくれました。そのとき、体だけではなく心も楽になり、こうした心身ケアができる看護師の仕事の素晴らしさを強く感じました」

志望理由が実際の看護師からの影響なら、そのとき話した内容などを盛り込んで具体的に答えられるようにするとよいですね。

③学校（当校）を志望した理由について教えてください。

「海外研修や付属病院での実習を実施している点などに魅力を感じています。オープンキャンパスにも参加し、そこで先生方が口にされた『患者さんの心に寄り添える看護師を育てる』という言葉に共感し、どうしても入学したいと思いました」

「教育理念に共感したからです」

どうしてもあなたの学校に入りたい、熱い思いを伝えられるチャンスです。理由がしっかりしていて、オープンキャンパスで聞いた実際の言葉が入っているとベターです。

④なぜ専門学校を志望したのですか。

「早く看護師として働きたい気持ちがあり、そのため3年間で看護師資格を取得できる専門学校を志望しております」

「大学に行く学力がないからです」

専門学校だからこその魅力を言えるようにしておきましょう。ｇｏｏｄは、受験者の早く働きたい思いと専門学校のメリットが一致している良い例です。

④＋α　なぜ大学を志望したのですか（大学受験の場合）。

「大学のほうが一般教養科目もあり、基礎的な学力をつけたうえで看護理論や専門的な知識を学べると考えたからです」

「大学のほうがいいと思ったからです」

「なぜ」という質問に対して理由を答えるのは基本です。一般教養科目や看護理論といった、大学のメリットを伝えられるようにしましょう。

⑤自分の長所、短所を教えてください。

「私の長所は、協調性があることです。グループで何かを進めることが得意です。短所はせっかちなところです」

これは一般的な回答例です。次のような質問がセットになっている傾向があります。

⑤＋α　協調性があるということですが、具体的なエピソードは？

「高校のとき、文化祭のクラスの出し物で、リーダーを務めました。クラスの全員とコミュニケーションを取りながら、一人ひとりの思いに耳を傾け、一致団結してクラスの出し物を成功させることができました」

「常に協調性を意識して、グループの輪がうまくいくように心がけています」

題材となるエピソードと長所をリンクさせ、具体的に説明することがポイントです。

---

⑤＋α　短所を改善するために心がけていることはありますか。

「何か行動する前はひと呼吸おいて、冷静に考えるよう心がけています」

⑥自己PRをしてください。

「私の長所は、協調性があるところと主体的に行動できる点です。日頃から相手の話に耳を傾け、その気持ちを受け止めることを大事にしています。そして、組織の一員として自発的に取り組めるようにしています」

「長所は協調性と主体的に行動できる点です」

長所を言って終わるのでなく、長所について詳しく説明しましょう。長々と話さず簡潔に。

⑦自分の長所を看護師になったときにどのように活かしていきたいと思いますか。

「私の長所である協調性を活かして、他の看護師や医療従事者とも積極的にコミュニケーションを取りながら情報共有し、患者さんの容体回復のサポートをしていきたいと考えております」

「協調性があるので、患者さんと仲良くなれると思います」

患者さんと仲良くなるのは良いことですが、それは看護師の仕事ではありません。badは面接の回答としては幼稚に聞こえてしまいます。

⑧あなたが看護師に向いていると思う点をアピールしてください。

「私の長所は協調性があるところです。看護師の仕事はチーム内でコミュニケーションを取って、連携して進める必要がありますので、協調性がある点で看護師に向いているのではないかと思います」

「私の長所は協調性があるところです」

長所と、看護師に向いているという点とがリンクするような回答を準備しておきましょう。

⑨チーム医療の中での看護師の役割は何だと思いますか。

「患者さんの一番身近で情報を集め、医師や薬剤師など他の職種に伝達・共有する役割を持っていると思います」

「患者さんの心身のケアをすることです」

チーム医療における看護師の役割を簡潔に答えられるようにします。ｇｏｏｄの回答がベスト、自分の言葉で言い換えられるようにしましょう。

⑩看護と介護の違いは何だと思いますか。

「看護は患者の治療のために医療に基づいた心身ケアを行うことで、介護は日常生活の援助を行うことです」

「分かりません」

看護と介護の違いは、知識として必要です。看護のキーワードは医療とケア、介護は生活の援助だと覚えておきましょう。

⑪看護師の仕事のイメージについて、あなたの考えを教えてください。

「一番身近で患者を支える存在です。接する時間が長いので、そのぶん身体と精神面の両方から患者をサポートしていると思います」

「看護師は人の手助けをする素晴らしい仕事だと思います」

手助けは看護師でなくてもできます。看護師の仕事内容を研究し、まとめておきましょう。

⑫社会人生活を通して得たものは何ですか。

「社会人生活で得たものは、主体的に物事を進めていくことです。アパレル勤務だったのですが、数値目標や行動計画を細かく立てるようにしていました」

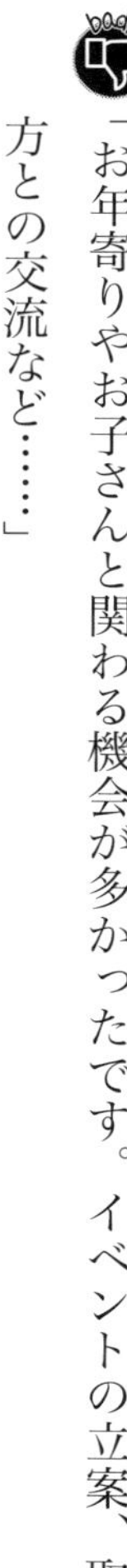

「お年寄りやお子さんと関わる機会が多かったです。イベントの立案、取引先の方との交流など……」

いくら具体性があっても、事例ばかりずらずら並べても意味はありません。質問に対して明確に、具体例を添えて答えます。

⑫＋α　高校生活を通して得たものは何ですか（高校生の受験者の場合）。

「高校生活を通して継続力を身につけました。３年間続けたテニス部で、朝７時半から８時半まで毎日朝練を続けることで、技術と継続力を高めました」

質問に対する回答と具体例が基本です。

⑬今までで一番感動したことは何ですか。

「最近見た映画で、主人公が亡くなった父親を回想するシーンがあり、そこに感動しました。命の重要性を感じ、自分も周りの人を大切にしようと思えました」

「昨日見た映画に感動しました」

どこに感動したのかがポイントです。そこをしっかり伝えましょう。

⑭転職（中退）された理由を教えてください。

「給与が上がらないこともあり、自分が成長できているのか、成果を出せているのかといったことを実感できず、転職を考えました」

「給与面で不満がありました」

給与が上がらないというだけでは、お金のことしか考えていないと取られます。不満だけを伝えるのはダメ。そこから何を考えたのかをプラスします。中退した理由も「当時は考えが浅く、何となく高校に入りました。学生生活を送るうちに本当にやりたいことが見つかって、夢が変わったため、中退を決めました」など、できる限りポジティブに聞こえるように。

⑮現在の仕事内容を教えてください。

「アパレル会社で勤務しており、店舗では店長業務と販売業務を担当しています」

「アパレルです」

業種だけでなく、きちんと仕事内容を答えること。

⑯高校の欠席日数が多いようですが、なぜですか。

「当時は健康状態がよくなく、欠席日数が多くなってしまいました。これではいけないと1日3食きちんと食べ、体育以外にも毎日運動の時間を取ったところ、風邪をひくのは年に一度くらいになっています」

「何となく休んでしまいました」

欠席が多いのはそもそも致命的です。今からでも極力休まないようにしましょう。はっきりとした理由を述べ、さらに「今は克服している」というエピソードを追加できるように考えておきましょう。

⑰学校や仕事などで、コミュニケーションを取るさいに心がけていることを教えてください。

「コミュニケーションを取るさいは、うなずきや相づちを入れ、もう少し聞きたいと思ったところは積極的に質問するなど相手が気持ちよく話せるようにしています」

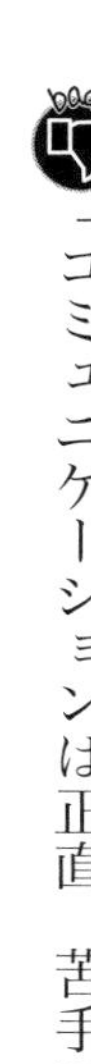

「コミュニケーションは正直、苦手です」

コミュニケーションは看護師の命！　コミュニケーションに対する取り組みを自分の言葉で説明できるようにしておきましょう。

⑱5年後、10年後のあなたのビジョンを教えてください。

「5年後はまだ看護師2年目です。専門的な知識を勉強していく段階です。10年後は、後輩指導・育成を任されるようになっていたいと考えております」

「5年後には結婚、10年後には子どもが欲しいです」

答えるべきは看護師としての具体的なビジョンです。

⑲あなたはどのような看護師になりたいですか。理想の看護師像を教えてください。

「向上心を忘れないようにしたいと思います。勉強を継続し、患者さんやそのご家族に寄り添い、一番身近で支えられる存在になりたいです」

「患者さんに親しんでもらえる存在となって、患者さんの心身をケアできる看護師になりたいと思います」

受験者の多くが言いそうな回答ではなく、自分なりの意見をなるべく詳細に伝えましょう。

⑳家族や職場の人は、あなたが看護師を目指していることは知っていますか。また、それについてどう言っていますか。

「はい、知っています。それがやりたいことなら頑張れと応援してくれています」

「家族には言っていません」

「家族は応援してくれています！」と即答するのがベスト！　実際の会話内容も入れつつ、自信満々に回答しましょう。

㉑受験勉強にはどのように取り組んでいましたか。勉強するさいに意識していたことはありますか。

「復習に重点を置いていました。間違えた問題は印をつけ、一人で解けるようになるまで繰り返しやっていました」

「頑張って夜遅くまで勉強していました」

badの内容は具体的ではありません。「意識していたことはあるか」という質問への答えにもなっていないので、質問には正確かつ具体的に回答するクセを付けましょう。

㉒嫌いな人、苦手な人はいますか。また、その人とうまくやっていくためにはどうすればいいと思いますか。

「はい、います。しかし、嫌い・苦手だからで終わらせず、その人のよいところを探すようにしていますし、自分から積極的に話しかけるよう心がけています」

「はい、います。そういう人たちはできる限り避けて関わらないようにするのが、お互いにとってよいことだと思います」

看護師でなくても、社会に出ると嫌いな人・苦手な人と協力して仕事をする場面が何度もあります。ｂａｄの内容では素直すぎ。本音をぐっと抑えて、そういった人たちとどうコミュニケーションを取るかといったプラスの意見を入れましょう。

㉓最近読んだ本はありますか。

「本はあまり読めていません。しかし、苦手な数学を何とかしたいと受験勉強用に参考書を買い、何度も繰り返し問題を解いています」

「えっと……、昨日、週刊少年ジャンプを読みました」

マンガや雑誌はＮＧ！　小説や自己啓発系はＯＫです。「最近……」という質問ですが、昔読んだものでも大丈夫。内容や感想も答えられるようにしましょう。

㉔最近印象に残っているニュースはありますか。

「最近印象に残っているニュースは、大腸がん発症の要因と見られるいくつかの腸内細菌を、○○大学他からなる共同研究チームが特定したという発表です」

「…………」

㉔＋α　そのニュースを聞いて、あなたはどう感じましたか。

「記事にも書かれていたのですが、この発見で細胞ががん化する前に診断、予防策が打てるようになるという意見に共感しています。地道な研究が治療の選択肢を広げるのだと実感しました」

沈黙はダメ、面接日から1～3カ月以内のニュースを選んでおきましょう。そのニュースを知って感じたこともセットで聞かれるので、ある程度ニュースを読み解く必要があります。

㉕奨学金はどうしますか。金銭面は大丈夫ですか。

「奨学金は借りる予定です。学費の残りや生活費などは貯金でまかなうので大丈夫です」

「多分、大丈夫だと思います」

曖昧な答えはＮＧです。お金のことなので、計画性とともにはっきり「大丈夫」と答えましょう。

㉖体力面には自信がありますか。また健康のためにしていることはありますか。

「体力面には自信があります。健康のためには栄養バランスを考え、なるべく自炊をしています。また、出かけるときはあえて自宅最寄り駅の一つ向こうの駅から乗る、目的地最寄り駅の一つ手前で降りるなどして歩くようにしています」

「シャトルラン１６０回です」

point

何度かお伝えしていることですが、質問には正確に答えましょう。badでは体力に自信があるかという問いに答えられていませんし、シャトルランは健康のためになっているのかも疑問ですね。

㉗最後に何か言い残したことはありますか。

good!

「貴校のオープンキャンパスで素晴らしい学習環境を目にし、絶対にこちらで学びたいと強く思いました。よろしくお願いいたします」

bad!

「特にありません」

point

何もないという回答は、意欲がないと取られがち。本当にないときは、入学してからの意気込みをぶつけて少しでも印象に残るようにしましょう。

お疲れさまでした。いかがでしたか？

こうした頻出質問の回答を自分の言葉で表現できるように準備すること、そしてその様子を客観的に見て磨きをかけていくことが面接対策では重要です。

恥ずかしさは捨て、学校や塾の先生など第三者に見てもらうと、よりシビアな意見が聞けるかもしれません。その瞬間は耳が痛くても、最終的には大きな結果につながります。勇気を出して相談してみるのもオススメです。

●コラム● 看護学生のアルバイトの実態

「受験戦争を勝ち抜いて、ようやく希望の学校に入ることができた。これからは念願のキャンパスライフを楽しむぞ！」……とはいかないのが看護学生の悲しいところです。

看護専門学校で学ぶ期間は3年、大学の看護学科では4年となります。どちらを卒業したとしても、卒業後は看護師としてバリバリ働くわけですから、当然教わる内容は同じです。したがって在籍期間が1年少ない看護専門学校は、一般的にカリキュラムにゆとりがないといわれています。こういった背景から、学業に集中できるよう、アルバイトを禁止している看護専門学校も少なくありません。

看護専門学校では、メインの実習が2年生後半～3年生前半、なかには3年生の12月まで続くところもあります。過密な学校スケジュールと家で課題に取り組む時間を確保したうえで看護学生はアルバイト時間の捻出を試み、多くが泣く泣く諦めているのです。

しかし一部のタフな看護学生は、忙しい学業の合間をぬってちゃっかりアルバイトをしています。彼・彼女らに「いつアルバイトをするのか」聞いてみると、「1年生のときに入れるだけ入っておきます！　アルバイト先は飲食店が多いかな。2年生はやっぱり辞める人がいるけれど、続けている人も多いですね。3年生では辞める人が大半だけど、職場が許すなら籍を残しておいて、実習がないときだけシフトのヘルプで入ります。実習中でも、余力があるときは派遣登録をして休日にアンケートを取ったり、飲食店に入ったりしますよ」とのこと。

なるほど、こうしてただでさえタフなのに、輪をかけてタフな看護師が生まれるわけですね。

第5章

学習習慣を身につける

1 自分のレベルに合った参考書、問題集をチョイスせよ！

「看護師になるぞ！　試験に合格して看護系の学校に入るぞ！」と決意した受験者が次に取る行動の不動の1位は、大きな本屋さんへ行って問題集や参考書を棚にあるだけ買い込むことです。重い袋をさげて帰っていると、まだ1ページも開いていないのに不思議にめちゃくちゃ勉強したような錯覚に陥ってしまうこともあるので注意しましょう。

さて、ようやく家に帰ってきました。タイトルを見て、パラパラと中身に目を通して、ざっくり難易度別に分ける人がいれば、手あたり次第に手をつけていく人もいるでしょう。それが要注意。学校や塾の勉強で、やる気がなくなる瞬間のことを思い出してみてください。周りは一生懸命取り組んでいるけれど、自分にとっては簡単すぎて暇を持て余してしまったり、逆に難しすぎて問題すら読む気が起こらなくなったことはないでしょうか。

問題集や参考書は、自分の現在の学力レベルに合っているかが重要です。難しすぎる問題集を使っても、極端な話1問すら解くことができないでしょう。こうなると、やる気がそがれて、最悪の場合は受験自体をやめたくなるかもしれません。では、易しいレベルからウォーミングアップしていけばいいかというと、そういうものでもありません。簡単すぎるとスラスラ解けて気持ちはいいのですが、勉強になってはいないからです。

本屋さんで大人買いをする前に、学校や看護予備校の先生に相談してみましょう。問題集を買うときのコツは、自分の学力レベルのちょっと上くらいの本を選ぶことです。数学が苦手で、中学3年生レベルの問題にも苦戦しているのに、いきなり大学受験レベルの問題を解こうとしても無理だというのは分かりますよね。「解かなくてはならないレベル」と自分の今のレベルが開いていた場合、まずはその距離を埋めていかなければいけません。その点で、客観的に生徒の学力を把握している先生たちが力になってくれるというわけです。

問題集や参考書などの教材選びを間違えると、悪くするとモチベーションを低下させてしまいます。合格に導いてくれるはずのツールの力を正しく引き出すためにも、まずは先生に相談しに行きましょう。

 1週間の計画を立てよ！週間計画表の事例公開！

ダイエットは明日から……とよく似た例で、「勉強をする気が起きない」「ちょっと気分転換にゲームをしよう。明日から本気を出す」という受験生は少なくありません。

性格の違いや意志の強さなど要因はさまざまですが、あえて一つこれがメインの原因だと挙げるなら、「目標に到達するために自分が今、何をすべきなのか」が定まっていないことだといえるでしょう。

目標を立てればよいとはいえ、「今勉強をスタートして」「1年後、志望校に合格する」というゆるゆるのスケジュールでは意味がありません。オススメは、1週間単位で学習の計画を立てていくことです。

●KDG流大逆転合格プラン

①1週間の学習スケジュールを立てる

普段どれだけ机に向かっているかによって、スケジュールの立て方は変わります。勉強が大好きという人なら、平日で5時間・休日で10時間というガッツリプランでも苦にならないかもしれません。勉強が好きじゃない、社会人で学科勉強にブランクがある、国語は好きだけど数学は集中力が続かない、といった人はいくら毎日5時間を目標にしても無理です。ハッキリ言って、ホントに無理です。

日頃あまり机に向かうことがない人は、まずは15分集中して何か1科目勉強するようにしましょう。15分勉強したら5～10分休憩して、次は別の科目に取り組みます。15分の集中学習に慣れてきたら、15分を30分、1時間に延ばしていけばいいのです。

自分が「勉強に慣れているかどうか」も先生に相談したうえで、1週間の自宅学習スケジュールを組んでいきましょう。このとき、月曜日は英語、火曜日は数学、と1科目をがむしゃらに勉強するよりは、学校のように一コマ終わったら休憩の後は別の科目を勉強するほうが脳のリフレッシュになり、効率が上がります。

1日5時間勉強ができなくて自分を責め、モチベーションが下がってしまうよりは、こうして着実に力と習慣をつけるほうが将来のためだといえます。急がば回れ、じっくり根気強く勉強に取り組みましょう。

②1週間の最後の日に、できたこと・できなかったことを記録する

社会人の受験者は「何事も、実施した後は検証が大事」という言葉を会社でよく聞いていると思います。受験勉強にも同じことが言えます。

1週間の学習スケジュールを立てたとしても、人間ですから、体調のよしあしなどもあってできない日はどうしても出てくることでしょう。そこで「できなかったぶんは明日やろう」ならまだしも、「できなかったぶんはいつかやろう」となってはいけません。

予定している学習の範囲を分かるように書き出しておき、進んだぶんはきちんと記録しておく。なぜ達成できなかったのか、どうしたら達成できたかもメモしておくといいでしょう。このとき「なぜ達成できなかったのか」ということばかり考えてはダメですよ。「どうしたら達成できるか」というポジティブな対策に割く時間をより多く取るようにすれば、モチベーションはキープでき、自分の考えた改善案を試したく

てワクワクすることだってあるのです。

この2つを繰り返し行うことで、学習の習慣は着実に身についていきます。なかなか勉強に取りかかれない理由は、つまるところ学習の習慣がついていないからなのです。朝起きると、出かける前に歯磨きしますよね。歯磨きをする習慣が身についているから、気合いを入れなくても歯磨きするために行動できるのです。おおざっぱでも構いません。まずは学習プランを見える化することが、学習の習慣づけにつながります。

もう一つアドバイスしておきましょう。1時間机に座っていることがつらくなくなってきた頃に、もう一度スケジュールを洗いなおしてみるのです。1週間コツコツ勉強をしていると、だんだん「このままのペースで受験に間に合うだろうか」という不安に駆られるようになるかもしれません。その不安に改めて向き合ってみようというわけです。

この時のスケジュールは、ゴールから逆算して考えていきます。

①本命の学校を決める
②①で決めた本命の学校の受験問題をチェックし、レベルを確認する
③本命学校の入学難易度をチェックする
④自分の学力を先生に客観的に評価してもらう
⑤現在の学習状況を先生に伝え、スケジュール再構築の相談にのってもらう

時に厳しいことを言いますが、先生はたくさんの生徒を見てきた指導のプロです。指導スタイルが自分と合う、自分のことをよく見てくれている、そんな信頼できる先生がいるのなら、ぜひ相談してみてください。

仮に「ちょっと今のペースでは厳しいぞ。もう少しペースを上げないと」という言葉が返ってきても大丈夫。学習習慣がある程度ついた今なら、勉強時間を1時間増やすことも前ほど苦ではなくなっているはずです。

3 自力で解けるように、繰り返し復習せよ！

当たり前ですが、入試会場で頼ることができるのは自分だけです。先生はいません。頭が良い友達もいません。教科書、問題集、参考書、スマートフォンももちろん持ち込み不可！　したがって本番までに、何が何でも自分の頭に必要な知識を叩き込むしかないのです。

教科書を一度読んで「ハイ覚えた」という人はごくごく少数でしょう。多くの受験者は、ウンウン唸りながら単語や公式を覚えています。

今、看護師として活躍している先輩たちが血と汗を絞り出した果てにたどり着いたのが、「復習命！」という結論です。復習に便利なチェックテストは自作で十分です。早速作ってみましょう。

【例】３乗公式という数学の公式を覚えたとしましょう。
①ノートの外側からおおよそ3分の1のところに、好きな色で上下に線を引きます。
②線の左側に「問：展開の３乗公式を書きなさい」と記入します。
③そのまま線の右側にペン先を移動させ、解答を書いておきます。

こうしておくと、通勤通学で乗る電車の中や休憩時間のたびに、公式を覚えているかを確認できます。ノートの右側を折って隠して、違うノートやメモに公式を書き、解答を見て、きちんと覚えられているかを確認するのです。

1週間の学習スケジュールで立てた1日の勉強が終わった最後にも、締めくくりとして暗記チェックテストをしておきましょう。人間は、1回復習しただけではすぐに忘れてしまいます。繰り返し、それこそ復習することで、だんだん知識が脳に定着していくのです。1日に5回は自作チェックテストができれば、1カ月後には暗記できている範囲がかなり広がっていることでしょう。

4 教科書やテキストで勉強するな！動画を活用せよ！

「問題集や参考書の選び方はこうだ！　自作チェックテストで何度も復習せよ！」……と教えておきながら矛盾しますが、現役学生か社会人かを問わず、受験者は「文字を見てもなかなか学習内容が頭に入ってこない」ようです。全員がそうではありません。国語が好きな子ですとどんどん問題集を読み進んでいきますから、あくまで得意不得意の問題です。

さて、文字による学習が不得意だという受験者はどうすればよいのでしょうか。我慢して問題集を読めと言うこともできますが、ムリヤリやっても楽しくないし、楽しくなくては毎日続ける気持ちが起こりません。そんな受験者のためにKDG看護予備校が制作・配信しているのが、看護受験チャンネルというYouTubeチャンネルです。

よい問題集や教材でも、引っかかったときに解答集だけでは疑問を解決できないこともあります。そこで看護受験チャンネルでは授業を配信するだけではなく、「生放

第5章

送相談会」や「LINE&Twitter質問箱」で質問を直接受け付ける時間も設けています。あらかじめ質問を送っておいたり、配信中にチャットで質問したりと使い方はさまざまです。

ＫＤＧ看護予備校の先生には、YouTubeを開けばすぐに会うことができます。動画はチャンネル内にストックされていますから、いつでも視聴ＯＫ。24時間開講している看護受験チャンネルも積極的に利用してみてください。

5 勉強は自分だけでやってはいけない。他人に頼れ！

高校の定期試験や、社会人の資格試験に向けて自ら立てた学習スケジュール。予定通りコツコツやれたという人はどれくらいいるでしょうか。

合格はできたものの「直前に詰め込み勉強をした」「お尻に火がついて初めて真剣になれた」という人が少なくないと思います。実際、看護受験を目指す生徒さんにもこのパターンが多いです。看護予備校では私たちがそんな受験者のお尻を叩いているわけですが……。

こんなふうに、勉強は自分一人でやろうとするとどうしても進まなかったり、モチベーションが下がって停滞してしまいがちです。これを防ぐためには、自分の周りに2人の仲間を置くことが重要なのです。

1人目、まずは具体的に勉強について相談できる相手を探します。同級生や社会人の同僚よりも、学校の先生や塾講師、KDGのような看護予備校の講師がベストです。「勉強ができる友達や先輩じゃダメですか？　気心も知れているし、先生より断然信頼できるんですけど」という受験者もいます。その答えは「ダメではありませんが、ちょっと考えてみてください」というものになります。同学年や先輩にも、勉強ができる人はたくさんいるでしょう。しかし、1人目の仲間を選ぶにあたっての判断基準は、ちょっと分からないことがあったときに質問できる、正しい解答や解説をもって解決してくれるかどうかという点です。勉強の進め方や個人に合った方法、参考書や問題集をどう選ぶかといったことにも助言してくれるような人であれば最高です。親密度は後からでも高められます。ここは、勉強面でしっかり自分を導いてくれそうかどうかで1人目の仲間を決めましょう。

受験勉強は、がむしゃらに手をつけても効率が上がりません。本命校や滑り止め校の受験情報、それに間に合わせるスケジューリング、しっかり力をつけられる教材選びとそれを活用する勉強の方法がしっかりかみ合えば、受験は8割成功するといっても過言ではありません。

2人目は、一緒に受験勉強をしている仲間や、目的は違うけれど資格取得に打ち込む同僚、家族です。2人目の仲間に果たしてほしい役割が、受験者のモチベーション維持だからです。

受験勉強に限らず、とかく勉強というものはすぐに邪魔が入るものです。つらくなったり息がつまったときに「ちょっと息抜き」とテレビをつけ、お菓子をかじり、マンガを広げ……。気づけば数時間が経っていたという経験は誰しもあるでしょう。2人目の仲間には、こういったときに愚痴や弱音といった自分のネガティブな話を聞いてくれる存在を選びましょう。仲の良さだけを重視すると、2人目の仲間自身が勉強を中断させる誘惑者になることもあります。仲がいい友達でも、似たような志を持っている人がいいかもしれません。

家族を選ぶときにもちょっと注意が必要です。親は、その将来を心配するがゆえに「そんなことでどうするの！」や「もっとやらないと合格しないよ！」、果ては「弱音を吐いている暇があったら勉強しなさい」といった厳しい言葉を浴びせてくることもあるでしょう。正論ではあったとしても、心をズタボロにされ、モチベーションどころか「自分はダメなやつだ」と受験すら諦めてしまいかねません。同じレベルの目標を持っているか、親しさに任せてキツく当たる性格かどうかも、２人目を選ぶときには考慮しておきましょう。

ムダのない受験攻略法を授けてくれる師匠と、励まし合える仲間。この２人がそばにいれば、かなり効率的に勉強を進められます。

最後に頼れるのは自分だけ、孤独な闘いと思われがちですが、受験は実は総力戦なのです。ご自身の人間性、交友関係、環境を洗い出して、受験をともに乗り切るチームをつくりましょう。

6 真面目にやるな！ 極秘情報をゲットせよ！

「患者さんの助けになりたい」といった動機で看護師を目指す皆さんは、真面目な方が多いかと思います。真面目はとてもよいことですが、英語の長文読解を克服するためにまず英単語帳を何冊も買って暗記するところから始めるなど、時に非効率な勉強法を取る方がいます。あるいは、ノートをキレイに取ることにこだわって、肝心の勉強が進んでいないなど……。真剣に取り組むがゆえに、手段が目的になってしまったケースだといえます。

でも、ちょっと考えてみてください。皆さんの目標は看護師になることで、英語マスターやノートをきれいに取れる人になることではないですよね？　海外で看護師になるならともかく、国内勤務希望なら英語は合格基準を満たすスコアさえ取れればいいわけです。もし、身に覚えがあるのなら、改めて目標は「看護師」になることだと思い出してください。

繰り返しになりますが、皆さんの目的は看護師になることですよね。最短ルートで看護師になりたいなら、次に紹介する方法を実践してみてください。受験必勝の極秘情報を特別にお伝えします。

極秘情報① 勉強には、必ず近道がある！

学校や仕事から帰ってきてから、1日3時間以上必ず勉強をしているのに、点数が伸びない、と悩む受験生は実は結構います。ここで、「やっぱり私は勉強に向いていないんだ」とは思わないでください。それは向いていないのではなく、点数に直結しない勉強の仕方をしているだけなのです。

先に少しお話ししましたが、真面目に勉強をする受験者が陥りがちなのが「正しい勉強の進め方」という幻想です。「後で見直してすぐ分かるようにきれいに板書しなくては」「中学生の文法が分からないのに高校の問題には進めない」など。もう一度言います。全て理解し、暗記できていればそれに越したことはありません。でも、皆さんの目的は看護師になること！ そのためにまず看護専門学校や看護大学に入学することを考えましょう。

入試問題には、学校ごとにクセがあります。志望校の過去問題をとにかくやり込むこと、分からないところは一つずつつぶしていくことが近道の一つです。「数学」とひとくくりに言っても、一般的によく出される問題とそれほどでもない問題があります。点数を上げることを考えるなら、優先して取り組むべきはよく出される問題のほうですよね。

基礎学力がついていることが前提にはなりますが、このように出されそうな問題に焦点を当てるとよいでしょう。

極秘情報②　情報を制する者が合格をつかみ取る！

受験者の皆さんは、イメージで志望校をとらえがちです。受かりやすい学校は人気のない学校とか、よい学校は難しいとか。そうした見方でどの学校を受けるかを決めるのも一つの戦略ですが、情報があればもっと多角的に受験を見ることができます。

評判がいいうえに、意外に倍率が低くて狙い目の学校はあります。また、去年倍率が高かった学校などは、「こんな高い倍率無理！」と受験者が一歩引く傾向が見られるので、逆に倍率が低くなることがあります。

また、比較的近いエリアにA看護専門学校とB看護専門学校があるとします。Aが定員枠を狭めた場合、Bの倍率が上がるという例も見られます。同様に、新設の看護学科ができると、その周辺の学校を受験する現役比率は低くなる現象が見られます。

こまめに情報を仕入れて受験戦略を立てることがいかに大切か分かっていただけたでしょうか。

7 勉強は机に座らなくてもできる！いつでもどこでも、ながら勉強法を活用せよ！

この章では繰り返し「勉強方法にこだわるな、看護師になることに注力せよ」とお伝えしてきました。勉強は机に座って集中してやるもの、という呪縛からそろそろ解き放たれてきた頃ではないでしょうか。ではここで、隙間時間を活用する「ながら勉強法」を伝授しておきたいと思います。

ながら勉強法は簡単な準備さえ行えば、すぐにでも実践できる勉強方法です。その方法とは次の通りです。

・勉強内容を「**机に座ってやること**」と「**机に座らずにやれること**」に分類する

暗記系は「机に座らなくてもできる」つまり、ながら勉強が可能な学習方法です。英単語、数学の公式、漢字や四字熟語の暗記などが挙げられます。単語帳や授業のノートがあればすぐにでも始められます。

対して、机に座っている時間とは、学校や予備校、自宅での予習復習など一般的な勉強時間を指します。ながら勉強で覚えたことを使って問題を解くための時間です。問題集を解いて、間違えたところは解答集でなぜ間違えたのかをしっかり理解しておきましょう。

電車に乗る時間は5分だから……、もうすぐご飯だと言われたから……。言い訳を考える時間にもながら勉強はできます。KDG看護予備校講師が現役時代に活用したながら勉強タイムの例を挙げておきますので、「隙間時間が何分あるか」ではなく

「隙間時間に遭遇したら、ながら勉強をする」と決めてやってみてください。

◆ながら勉強が可能な隙間時間一覧

・電車やバスなどの移動時間、待ち時間
・トイレでの時間
・家事で一息ついたとき（お風呂が沸くまで、洗濯機が止まるまで）
・友達と合流するまでの待ち時間
・料理や洗い物、片付け、掃除などのちょっとした待ち時間
・子どもの相手をしている時間

ＫＤＧ看護予備校生に聞いて書き出してみると、ながら勉強が可能な隙間時間は日常生活に結構たくさんあると分かります。隙間時間にゴロゴロする楽しみは受験後にとっておいて、今はこの「机に座っていない時間」を有効活用することで、ライバルに差をつけてしまいましょう。有効活用のコツは、常に「**勉強内容を携帯しておくこと**」です。オススメは①**小さなノートや、Ａ４のメモ**、②**スマホの写メ**です。覚えて

第5章

しまいたい内容を①または②に控えておいて、ポケットやバッグの出しやすいところに入れておきましょう。隙間時間に出合っても、肝心の勉強内容が見当たらなくて探さなければならない、なんて事態になると、隙間時間はあっという間に終わってしまいます。

隙間時間一覧にあるどれかに当てはまったら、1秒以内に勉強グッズを取り出して勉強する！　この習慣を身につけられれば、受験の強い武器になります。

●コラム● 看護専門学校・看護大学の学費の実態

ご存じの通り、日本にはたくさんの看護専門学校や看護学科があります。将来看護師として働くために、皆さんはＫＤＧ看護予備校で学んで養成機関に入り、国家試験の合格を目指しているわけです。

学ぶ内容に大きな差はありませんが、どこの養成機関に行くかによって、当然学費が異なります。学費は大きく授業料と実習費で占められますが、初年度は入学金が上乗せになります。

「具体的にいくらかかるの？」という声が聞こえてくる前にご紹介してしまいましょう。

看護専門学校の場合、安い場合で学費の年額は10万円程度です。一方で高い学校は年額１５０万円を超えるなど、養成機関によってかなりの差があります。ここに3年分の教材費およそ30万円が加算されますが、ボリュームゾーンの目安としては、年額50～70万円くらいといってよいでしょう。

国公立大学看護学科の授業料が比較的安いのは他の学科と同様です。対する私立大学における学費のベースラインは年額150~190万円で、やはり開きがあると分かります。

「資金に余裕がないから、第一志望の学校は諦めよう」とは決して思わないでください。今はお金があまりないけれど、学ぶ気持ちは人一倍あるという学生のために、奨学金という制度があるからです。奨学金の組み合わせで支払いを可能な限り抑えて、希望の学校で看護師を目指しましょう。

第6章

一挙大公開！
伝説の大逆転合格事例でイメトレせよ！

1 伝説の大逆転合格事例【現役生編】

●――yuuka さん

模試のE判定→志望大学看護学部に大逆転合格！
学校の期末テストもクラス1位に！

塾に入ったのは、高校3年生の7月でしたが、すごく悲惨な状況でした。1年ほど他の塾に行っていたのですが、まったく分からないまま過ごしていました。**模試の点数もE判定だらけ**。そこで親と相談し、看護を専門にしている予備校に行くことを決め、KDGに入塾しました。

授業は計算の過程などもとても詳しく説明してくれて、何を聞いてもばかにすることなく、分かるまで教えてくれました。入塾して約1カ月後にあった模試の数学の成績が急上昇していて、母親もびっくりしていました。元々**Eだった志望校の模試判定が、Cまで上昇していた**のです。

受験科目にあった小論文は、人生で一度も書いたことがありませんでした。KDGでは面接対策だけでなく小論文も重点的に取り組んでおり、書き方を教えてもらい何本も書いて練習していくと分かるようになり、試験直前には時間内に書くことができるようになっていました。試験当日は、先生に教えてもらった通りに小論文を書くことができて、結果、**一番行きたかった志望大学看護学部の推薦入試で合格**をすることができました！

さらにその後、塾を続けて期末対策をやっていたのですが、いつも中間くらいの成績だったのが**クラスで1位、学年でも上位でした**。ありがとうございます！

ruka さん

工業高校3年生：定期テストがわずか2週間で40点→70点に成績アップ！
評定も大幅アップさせ、推薦で一発合格！

塾に入ったのは、高校2年生の2学期でしたが、高校1年生から2年間、数学の定期テストは40点台しか取ったことがありませんでした。それが入塾からわずか2週間の対策で、数学の得点が70点に上がりました。先生が分かりやすく教えてくれて、**何**

回も繰り返しやり続けることで自然と頭に入っていきました。その後は、70～90点くらいの点数を取れるようになりました。

その結果、受験で大切になってくる評定平均を0・5伸ばすことができ、**高3の10月の推薦入試で第一志望の学校に合格**できました！

2 伝説の大逆転合格事例【浪人生編】

●――しかてぃーさん

「この学校で学んで、看護師になる！」一途な思いでコツコツ勉強し、**見事合格をつかみ取った浪人生。合格の秘訣は諦めないこと！**

英語の問題は勘で解く、数学でできるのは因数分解だけ。高校を出てKDG看護予備校に入った当初、英語と数学の学力はこんな状況でした。

現役生のときテストの点が近い子と比べても、理解できていない範囲が広すぎたんです。だから個別指導を受けられる予備校をいくつかピックアップして見学し、その結果KDG看護予備校にお世話になると決めました。勉強が苦手な子にも根気強く教えてくれるところを母がすごく気に入っていて、私も見学してここなら勉強できそうだと思いました。

なぜそう感じたかというと、先生たちがとにかく面白くて、同じ質問を何度しても根気強く教えていたからです。全然嫌そうな顔もしていなくて、1回目より2回目、2回目より3回目と教え方を変えて理解できるように工夫してくれていたのが見ていて分かりました。

あと、これは生徒になってから分かったのですが、普段の生活での悩みとか勉強以外のことも相談にのってくれるのが嬉しかったです。KDG歴が長くなるごとに、ポジティブ度もどんどんアップしました。

分かるまで教えてくれるから、勘で解いていた英語もだんだん文法や語彙をもとに解けるようになっていきました。因数分解以外の数学も少しずつ解ける問題が増えて、嬉しかったです。授業中大切なことはまずメモを取って、苦手な分野は余分に学習プリントをもらって自宅で何度も復習する。復習と自習の習慣が自然についていて、母もびっくりしていました。

受験日は、思っていたほど緊張しませんでした。小論文のテーマが書きやすくて、手ごたえを感じました。ただ数学が思ったよりできなかったので、落ちたかもしれないと不安が大きかったです。

そんなふうでしたから、合格できて本当に嬉しいです。まだ夢なんじゃないかって思うときもありますけど、とにかくほっとしています。

ＫＤＧ看護予備校と出合って「頑張ったぶんだけ力がつく」と実感しました。行きたい大学なら、浪人してでもチャレンジしたほうがいいと私は思います。諦めずに挑戦してください。

●――yuuki さん

現役時代全滅から、予備校に通い大学の看護学部に2校とも合格！

現役時代は、独学と高校の授業で勉強しましたが、7校か8校くらい受験し全て不合格でした。親に連れてこられて、予備校に入ることになりました。この予備校では、宿題が**定着しているかをチェックしてもらえるので、さぼることができませんでした。**

数学、英語も動画で勉強して、先生から言われたプリントに繰り返し取り組むことで、基本的な内容が定着していきました。そうすると、1回間違えた問題を自力で解けるようになり、小論文も講座を受けてからはスラスラ書けるようになりました。自分がしなければいけないところをしっかり教えてくれるので、勉強に取り組みやすかったです。

10月に大学の看護学部の推薦入試を2校受けたのですが、2校とも合格していました。 ありがとうございました。

3 伝説の大逆転合格事例【社会人編】

●――高卒認定資格を取得して、11月の看護学校の社会人入試に一発合格！

yukari さん

私は介護の仕事をしていたのですが、高校も中退しており、高卒認定資格取得と看護学校の入試対策を同時に勉強していかないといけませんでした。学生時代から本当に勉強が苦手で、勉強にも10年以上ブランクがあり、中学生レベルの勉強もまったく分からず、本当に基礎の基礎から対策が必要な状況でした。

ＫＤＧ予備校は**個別指導**なので、私の苦手な問題、理解できていない問題を**何度も教えてくださいました。**７月ごろから授業でプリントの問題を自力で解けるようになってきて、学力の伸びを実感しました。英語に関しては英単語と英文法を究めて、高卒認定試験で**7～8割解ける**ようになっていました。入試直前には過去問をやり込み、数学は**全問正解**できる年度もあり、英語も**8～9割**ほど得点を取れるようになっていました。社会人入試で合格を頂けたときはすごく嬉しくて、先生や家族にすぐ報告しました。

●――kiho さん

シングルマザーで2人の子育てをしながらのチャレンジ！

高校を中退しており苦手な勉強を克服して大逆転合格!!

シングルマザーで子ども２人を育てるには、今より安定した収入が欲しいと思い、したい仕事は何か考えたときに看護師を目指そうと思いました。ただ高校を中退しており、小学校、中学校からまったく勉強ができず落ちこぼれでした。高卒認定は取ったのですが、英語がまったくできず、中1の「He is」とか「This is」からスタートしました。ここの塾はネットで調べると1番上にあって、さらに個別だったのでまったく勉強できない私にはココだなと思いました。

月曜日は塾で、木、日以外は仕事でした。子育てと仕事をしながらなので勉強時間は限られていたのですが、先生が分からないところを分かるまで教えてくれて、勉強のやり方とかも教えてくれたので、どんどん分かることが増えてきて勉強も楽しくなってきました。英語は特に苦手でしたが、一回最初に戻って復習とかもしたおかげで、試験前にはだいぶ解ける問題も増えてきました。授業でもらったプリントを家で復習したとき、解けると「あー、身についているな」と思い、勉強するのが楽しくなっていきました。

試験当日の朝、学校に向かっているときに「ここの予備校で1年間勉強していなかったら、全然勉強できないままやったんやろうなあ」とか「いろんな人が支えてくれて応援してくれたなあ」とか考えていたら、泣きそうになりながら試験に向かいました。

結果は合格！　まさか自分が1年で受かるとは思いませんでした。ありがとうございました。

●―――Akane さん
医療事務として働きながら、本命の看護学校に合格!!

私は医療事務の仕事をしていたので、予備校では自分の休みの日に合わせて、授業をしてもらっていました。勉強から離れていたうえ、英語が特に苦手で高校時代は英語で8点を取ったこともあり常に追試組に入っていました。そのため、集団授業の予備校だとついていけないと思い、個別指導のＫＤＧで学ぶことにしました。

ＫＤＧの指導は本当に良かったです。過去問をしながら、私の苦手なところや傾向を見て、どう勉強すればよいかを考え、勉強のやり方や計画を立ててくれました。受験の直前には、自分の覚えたことを理解し問題を解けるようになりました。合格発表の日、仕事中に母から合格の知らせがきて職場の人と抱き合って泣いて喜びました。そしてすぐにマツエクをつけに行きました（笑）。

先生方には本当にお世話になりました。ありがとうございました。

● 勉強にブランクがあり、週5日の勤務をこなしながら合格!!
——Setsuko さん

職場と家とを往復する毎日。正社員でお給料を頂けるのは助かりますが、仕事に情熱があるかというと少し違う気がしていました。結婚のあてもなく、どことなく息がつまる感じで暮らしていましたが、あるとき「このままでは先が見えない、ずっとやりたかった仕事に就きたい」と強く思ったのです。

最後の受験勉強をしてから16年ほどが経っていました。まず独力でできないかと4月から数学の勉強に取りかかり、一通り進めることができました。しかし英語の勉強方法が分からなかったこと、どうやって志望校を絞り込めばいいかといった具体的な受験対策が分からず、不安になっていました。

ＫＤＧ看護予備校との出会いはインターネットです。もう少し情報を得ようと思って検索していたときに見つけました。他の予備校も含めて4校見学しましたが、ＫＤＧ看護予備校の説明や授業風景を見て、直感でここだ！　と思って決めました。

通学していた期間のスケジュールは、まず週5日が仕事でした。シフト制のアパレル勤務で、休憩があるとはいえ9～21時まで働いていました。仕事が終わってから終電ぎりぎりまでカフェで勉強をして、休日の2日間はＫＤＧ看護予備校へ通う、という感じで勉強していました。

シフトに合わせて授業の日を調整してもらえたので、通いやすかったです。教え方も分かりやすくて、理解できているところとできていないところがハッキリ分かりました。仕事の状況や理解度に応じて、次の授業までにやっておくことを指示してくれるのも助かりました。学科だけではなく、小論文や集団面接の対策もしてもらえたのも、合否を左右したと思います。

倍率とかいろいろな情報から、発表まではずっと合格の自信が持てませんでした。でも、結果は合格。すぐにお世話になった人みんなにLINEで報告しました。

ＫＤＧ看護予備校の先生方、ありがとうございました。看護師を目指して学校でも勉強に励みます。

そして看護師を目指す皆さん！　面接で全部取り返すとか、奇跡的に得意な分野がテストに出るとか、受験はそんなに甘くありません。勉強してください。難しいからこそ、やりがいもあると思います。頑張ってくださいね。

●新卒看護師（専門卒）21歳：病棟勤務（夜勤あり）

基本給＋職務手当	夜勤手当＋その他手当	月額総額
262,000	60,000	322,000
賞与	年収	
960,000	4,824,000	

●3年目看護師（大学卒）25歳：病棟勤務（夜勤あり）

基本給＋職務手当	夜勤手当＋その他手当	月額総額
249,580	115,000	364,580
賞与	年収	
935,100	5,310,060	

●10年目看護師（専門卒）34歳：病棟主任（夜勤あり）

基本給＋職務手当	主任手当＋その他手当	月額総額
306,000	100,000	406,000
賞与	年収	
1,144,000	6,016,000	

● 6 年目看護師（専門卒）36 歳：介護施設（夜勤なし）

基本給＋職務手当	その他手当	月額総額
330,000	50,000	380,000
賞与	年収	
560,000	5,120,000	

● 29 年目看護師（専門卒）50 歳：病院外来（夜勤なし）

基本給＋職務手当	その他手当	月額総額
405,000	70,000	475,000
賞与	年収	
1,067,500	6,767,500	

おわりに

ここまでこの本を読んでいただき、ありがとうございます。

この本は「何が何でも看護師になりたい！」という現役高校生、浪人生、社会人の方へ向けて書きました。

看護師になる第一歩、看護専門学校や看護大学の合格を勝ち取るには、看護受験の4要素「願書、学科、小論文、面接」それぞれへの対策が必要です。「普通」のようですが、これこそKDG看護予備校で蓄積したデータベースと2000件を超える受験相談を通じて導き出した合格の秘訣なのです。

そう、大切なのは「対策」です。「勉強が苦手でも看護師になれるでしょうか」「人前で話すのが苦手で……」という相談をされますが、まったく問題ありません！

人間は結局弱い生き物です。常に自分の感情に支配されています。「できない」と思えば、やる気も起きないし諦めてしまう。しかし「できるところ」から1つずつステップを踏んでやっていけば、できないことも必ずできるようになります。数学の勉強にしても、数学が苦手な人がいきなり過去問に取り組むと、難しすぎて挫折するでしょう。ただ自分にでも解けそうな、中学の初歩レベルからスタートすることによって、道が切り開けるのです。

私は、予備校を開校する前に人材紹介会社でサラリーマンをしていました。そのとき、ヘルパーの仕事をしている50代の方が転職相談に来られたことがありました。その方は「転職先の介護施設を探しているのだが、本当は准看護師になりたいとずっと思っていた」と言っていました。でも子育てのことや年齢のこと、そして何よりも数学の受験を突破することがネックになっていてその夢を諦めていた、と。

たまたま数学が得意だった私は、会社の許可を得て週1回1時間で数学の勉強を教えることになりました。1カ月くらいの指導で「人生で初めて勉強が面白いと思えました」「おかげで准看護師になるという決意が固まりました」という言葉をいただきました。その経験が、今でもＫＤＧ看護予備校を運営するうえでの原体験になっています。

諦めかけていた長年の夢へのチャレンジを後押しすることができる、その人の人生を変えることができる、そんな仕事に自分自身の人生をかけたいと思い、会社を退職し、ワンルームマンションの一室でＫＤＧ看護予備校を開校しました。

そのときから7年が経ち、より多くの方に看護受験のノウハウや情報をお伝えすることで、夢を叶える後押しをしたいという気持ちでこの本を書きました。

ぜひ夢に向かって、壁を突破してください。応援しております。

私の思いをくみ、原稿執筆という生みの苦しみを共有してくれたＫＤＧ看護予備校の同僚一同、田本夕紀さんと、編集を担当していただいた合同フォレストの下村理沙さんに心からお礼を申し上げます。ありがとうございました。

２０１９年12月吉日

ＫＤＧ看護予備校代表　松山祐己

●著者プロフィール

松山　祐己（まつやま・ゆうき）

グローラボ株式会社　代表取締役
KDG 看護予備校　代表

大阪大学基礎工学部中退。

大学時代に、セミナー・交流会の開催、学生インターンシップ仲介事業の立ち上げ、学生向け就活フリーペーパーの発行等に従事。

フリーター生活を経た後、病院・医院向け人材コンサルティング会社に入社。看護師のキャリアカウンセラーなども務め、数多くの看護学生、看護師のキャリア相談に携わる。

2012 年 4 月にワンルームマンションの 1 室で KDG 看護予備校を設立。2019 年 12 月現在、関西と関東で全 12 教室を運営し、現役生・浪人生・社会人への看護受験指導を行っている。

■KDG看護予備校ホームページ
https://kdg-yobi.com/

組　版　GALLAP
装　幀　株式会社クリエイティブ・コンセプト

勉強が苦手な高校生・社会人が
看護専門学校・看護大学に合格する方法

2020年 2 月10日　第1刷発行
2022年11月10日　第3刷発行

著　者　松山　祐己
発行者　松本　威
発　行　合同フォレスト株式会社
郵便番号 184-0001
東京都小金井市関野町 1-6-10
電話 042 (401) 2939　FAX 042 (401) 2931
振替 00170-4-324578
ホームページ　https://www.godo-forest.co.jp
発　売　合同出版株式会社
郵便番号 184-0001
東京都小金井市関野町 1-6-10
電話 042 (401) 2930　FAX 042 (401) 2931
印刷・製本　株式会社シナノ

ISBN 978-4-7726-6147-8　NDC 377　188×130

合同フォレスト
ホームページ

合同フォレストSNS

facebook
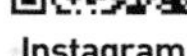
Instagram

Twitter

YouTube